论语的处世智慧

李圩子◎编著

中国纺织出版社

内容提要

《论语》一书是孔子及其部分弟子言行的汇编，该书生动形象并较为详尽地记录了孔子的学、思、行及其人格形象。《论语》一书虽然整体字数不多，但可以说处处是宝。金玉良言更是随处采撷，如为人、处世、从政、管理、学习、言说、交友、交往、财富、教育、伦理等智慧。

当今社会，竞争激烈，我们每个人的身心或许都会出现这样或那样的问题，如果我们能够沉静用心，时不时地回到孔子那里，便可以汲取到意想不到的人生处世智慧，更好地服务当下的生活，为我所用。

图书在版编目（CIP）数据

《论语》的处世智慧／李圩子编著. —北京：中国纺织出版社，2016.1 （2024.1重印）

ISBN 978-7-5180-1893-2

Ⅰ.①论… Ⅱ.①李… Ⅲ.①儒家②《论语》—研究 Ⅳ.①B222.25

中国版本图书馆CIP数据核字（2015）第188633号

策划编辑：李　猛　　责任编辑：李　猛
特约编辑：杨　璇　　责任印制：储志伟

中国纺织出版社出版发行
地址：北京市朝阳区百子湾东里A407号楼　邮政编码：100124
销售电话：010—67004422　传真：010—87155801
http: //www.c-textilep. com
E-mail: faxing@c-textilep. com
中国纺织出版社天猫旗舰店
官方微博http://weibo.com/2119887771
北京兰星球彩色印刷有限公司印刷　各地新华书店经销
2016年1月第1版　2024年1月第3次印刷
开本：880×1230　1／32　印张：9
字数：164千字　定价：32.80元

前言

世事洞明皆学问，人情练达即文章。看《论语》越多遍，越觉得这是一本关于世事、人情的书。唯有跟着孔夫子一起看过世事，阅过人情，才能真正理解其大理想、大抱负。

如果只看《论语》，实在不明白后世为什么出来那么多腐儒书生，他们的开山祖师爷孔夫子自己明明就是一个如此活泼泼、人情世故琢磨得透透的老头子啊！

孔夫子爱学习，爱到成痴成魔，“三人行，必有我师”，基本上只要遇到人，甭管认识不认识的，孔夫子估计都得从人家身上学点什么过来。至于对方身份背景，统统不重要，正所谓“不耻下问”。

孔夫子爱钻研做官的路子，爱琢磨历朝历代的规矩制度。考据起来能直达周朝和商朝，上穷碧落下黄泉，直到找不到文字记载为止。要是孔夫子生活在今天，估计古今中外的典籍都得被他翻个遍。

孔夫子特懂看人，什么人什么样，一看一个准儿。他看出子路好逞匹夫之勇，日后恐怕会因此而死，便想尽办法调和子路的性情。还特懂交朋友，对朋友也仗义，朋友来访，打趣说赶紧来吧，我包吃，包住，包葬。

孔夫子还懂人情，用孔夫子自己的话讲叫“惠人”。懂得如何施惠于人，实在是人和人相处中的一门大学问。但孔夫子就是能把这些都打理得顺顺的。

孔夫子业余喜欢爬山，一步一步往上爬的过程就好比自己一点一点攀登人生高峰的过程。不过最重要的是，孔夫子将巍峨大山的魅力看作自己一生追求的人格魅力，庄重、高大，能长养草木，能生息飞禽走兽，能提供给人生活的柴薪、菜蔬，风雨雷电在此交汇，天地阴阳在此融合，而我自巍峨不动。道家说上善若水，水样的人会怎样暂且不论，但孔夫子这种山一样的男人铁定是淑女所求的良人，民心所向的领导者。

除了爬山，孔夫子还是杠杠的音乐发烧友。孔夫子向老师学曲子，能将同一首曲子练上好几个月，老师都说，“哎呀，够可以了”，孔夫子还嫌不行。最后，孔夫子边弹曲子边把作曲者的长相、志向描摹出来，老师听后，马上就跪了，学生说的丝毫不差啊！

除了音乐，孔夫子还懂《诗经》，《诗经》中那么多男欢女爱，孔夫子一句“思无邪”就给定了性，够气魄。据说孔子教《诗经》时是边弹琴边歌唱还带配舞的，《论语》里没有孔子跳舞的记录，但子路真真切切地记下来了。

文能文，武能武。孔夫子驾车很帅，射箭更了不得。孔夫子认为不应该吃太饱，吃太多，脑子不太好运转，不好做事，但喝酒只要不醉就没问题，所以，可能孔子酒量不错。真真是男儿大丈夫，英雄汉。

此外，孔子还懂养生，在那个温饱尚未解决的时代，孔子已经在讲怎么吃、怎么穿了。当然，孔子流亡时也有过吃不上饭的时候，但贫而能乐、富而好礼就是人家的修养了。

要说尽孔夫子，三言两语不可能，所以才有了这本《〈论语〉的处世智慧》的诞生，书中将孔夫子的生活、处世智慧分门别类，并结合历史故事加以解说，力求为读者展现另一个侧面的《论语》。

当然，如果读者要更全面地了解孔夫子，还需回归到原典，从《论语》原文入手。本书只是抛砖引玉，如能勾起读者对这位两千多年前风流人物的丝丝趣味，便已甚感欣慰。

作者

2015年5月21日

目录

第三章　做人乃一切之本

第四章　察人交友的智慧

第五章　做事当心存恭敬

第一章

人生要有志向

立志当心存大道

原典

子曰："吾十有五而志于学；三十而立；四十而不惑；五十而知天命；六十而耳顺；七十而从心所欲，不逾矩。"

意译

孔子说："我15岁立志于学习；30岁自立于社会；40岁能不被外界事物所迷惑；50岁懂得顺应天道因循之理；60岁对听到的人和事都能平静地容纳，明辨其旨意真伪；70岁顺乎本心天性，不勉而中，合乎法度，自成规矩。"

处世智慧

子路问孔子，君子是什么样的人。孔子说，修养自己并且敬重他人。子路又问，这就够了吗？孔子补充道，修养自己，安顿周围的人。子路继续问，这就够了吗？孔子进一步说，修养自己，安顿百姓。后来的学者从中发展出"修身、齐家、治国、平天下"的人生目标。

孔子"十有五而志于学"，在15岁的时候就树立了学习的志向。不少人以孔子为榜样认为少年立志要趁早，殊不知在儒家看来，立志的早晚在其次，更重要的是立志要心存大道。孔子立志做一个学人，也就是儒者，须知当时的学人不仅仅指学习知识、典籍、技艺，更包括学习根本道理，追求治国平天下的道义。志于道，在儒家看来是一个君子的天生使命，大千世界，人各有志，但君子的志向总是和大道融合在一起。君子立志，既是个人价值的实现，更是大道的践行。

伊尹是商朝的杰出宰相，曾辅佐商汤王推翻夏桀的残暴统治，又帮助商汤制定了各种典章制度，使商朝初期社会稳定、经济发展。伊尹终其一生辅弼商朝五代帝王，为商朝的经济政治发展繁荣奠定了牢固基础。但对于伊尹谋求官职的事迹，后世却持有不同看法。

万章是亚圣孟子的弟子。一天，万章问孟子："有人说，伊尹为了求得官职，竟然去给汤做厨师，是这样的吗？"

孟子回答说："哪有这样的事？伊尹本来是在郊野种地的农人，他志向高远，不合乎道义的，一根草都不会献出去；同样，不合乎道义的，一根草也不会收取。汤多次聘请他出来帮忙，还送给他不少礼物。伊尹说：'我要这些东西干吗？难道出去做事比我自由自在地生活在田野间，思考尧和舜的道理还要好吗？'"

"那后来他怎么又出山了？"万章又问。

孟子说："汤多次派人去请他，他的想法变了，说：'与其独自思索尧和舜的道理，为什么不使汤成为尧和舜那样的伟大君主呢？为什么不使天下百姓成为尧和舜时代那样的幸福百姓呢？上天生育人，有先知先觉与后知后觉之分，先知先觉者的职责就是唤醒后知后觉者。我，伊尹，就是民众中的先知先觉者，如果我不站出来启发他们的觉悟，还有谁能够承担这个重任呢？'"

"他就这样去汤那里了？"万章问。

孟子看了万章一眼，说："他心里装的是天下苍生。人们在夏朝桀的残暴统治下处在水深火热之中，在他心里，好像是他伊尹把百姓推进水火里去似的。他就是这样以承担天下重担为志向、为己任的。于是，他去见汤，游说他讨伐夏桀，以拯救天下百姓。"

这就是儒家对志向的理解。历史事实也证明，伊尹不仅是优秀的烹饪师，更是杰出的政治家、军事家。在普通人眼里，伊尹有为了做官宁愿以厨师的身份接近商汤之嫌，但孟子却认为伊尹本身就是一个胸怀大志的君子，农事和烹饪都只不过是其身外之"技"。换句话说，纵使是农民和厨师，伊尹的农民之志与厨师之志也决定了他远不止是一个普通的农民或厨师。这大概才是儒家真正强调的志向，它与当今的职业志向、兴趣志向都不太一样，它更立足于天下苍生，更关心百姓民生，因此也注定走得更远。

三军可夺帅，匹夫不可夺志

原典

子曰："三军可夺帅也，匹夫不可夺志也。"

意译

孔子说："一国的军队，可以夺去它的主帅；但对于一个普通百姓，却不能强迫他改变志向。"

处世智慧

孔子游说诸侯，快要出郑国的东门的时候，看见一个叫姑布子卿的人乘车迎面而来。孔子下车步行，姑布子卿也下了车。姑布子卿一边往前走一边盯着孔子看，走了有50步。两人交错而过，姑布子卿又转过身来跟着孔子看，又走了50步。然后回头问子贡："此人是干什么的？"

子贡答："是我的老师，就是大家常说的孔丘[①]。"

姑布子卿"噢"了一声："我听说过他。"

① "丘"字为从旧避讳，全书皆缺笔写作"丘"，读为"mǒu"。

子贡问：“我的老师怎么样？”

姑布子卿回答：“额头像尧，眼睛像舜，脖子像禹，嘴巴像皋陶。从前面看，气势轩昂，有王者之相；从后面看，肩胛骨凸起，脊背瘦弱，就不怎么样了。”

子贡长叹一声。

姑布子卿说：“怎么，还不知足吗？你的老师锅底一样的脸色但没有凶相，猪一样长的嘴巴但不会说谎。远远一瞧，神态像是一条丧家狗，你还有什么可叹息的？”

子贡把姑布子卿的话告诉了孔子。孔子认为讲的都不错，但不敢接受“像是一条丧家狗”的评价，说：“我怎么敢接受如此赞誉呢？”

子贡不能理解，“丧家狗”不是好词，夫子为什么把它当作赞誉呢？

孔子解释道：“你没见过丧家狗吗？主人已经装进了棺材，祭祀器皿也已经布置妥当，这时狗望了又望，却再也找不到主人。我满怀一腔志向，可惜上无圣明的君主，下没有贤达的诸侯，王道已然衰微，德政正在失落。强欺凌弱，众强暴寡，百姓放纵心神，纲纪遭到践踏。即使我本来还想做些什么，但又怎么担当得起！”

丧家狗是殡丧人家的狗。狗忠心耿耿，主人去世了，它依旧不离不弃。姑布子卿说孔子像丧家狗，实际是夸奖孔子对自己的志向尽心竭力。志向树立起来后，就要努力去实现，这就是“三军可夺帅，匹夫不可夺志”的魄力。

《西游记》里的唐僧取经是小说家吴承恩笔下的虚构故事，但历史上真实的唐僧取经也不输故事中的惊心动魄。

历史上的唐僧俗家姓名“陈祎”，生于隋末唐初，13 岁出家当了和尚，法名叫玄奘。玄奘从小好学，为了钻研佛经，他周游了四川、湖北、河南、陕西等地，追访有名的佛学大师。可是佛教宗派很多，佛经的译文错误也很多，解释的经义往往互有矛盾。钻得越深，发现的问题越多。他决心亲自到佛教发源地天竺（今印度半岛）去，通过自己的努力弄它个水落石出。

唐朝贞观年间，政府禁止私人随便出国。凡出入国境都要得到国家批准。公元627年，玄奘向政府申请出境，遭到拒绝。决心西游的玄奘，便夹在商人中间混出了玉门关，单人匹马踏上了西行的征途。这一年，玄奘28岁。

过了玉门关，进入一望无际的莫贺延。莫贺延碛是现在安西到哈密之间的大沙漠，有八百多里长，又称八百里流沙。白天“热风如火”，晚上却又“寒风如刀”，气候变化无常。茫茫黄沙之中，上不见飞鸟，下不见走兽，地上连小草也不长。玄奘孤身一人，只有一堆堆白骨和驼马粪当路标，引导前进。玄奘走着走着，不小心把一皮袋清水泼翻了。怎么办？回去取水吗？不能。玄奘发誓：宁可西进而死，决不东归而生，不到天竺，誓不回头。在滴水不进的情况下，他又走了四夜五天，口干唇焦，终于晕倒在沙漠之中。幸好，那里离水草地不远，到了夜半，凉风习习，把昏迷中的玄奘吹醒过来。玄奘的老马驮着他找到了水源，脱离了险境。

玄奘西行到了高昌（今新疆吐鲁番东），得到了信仰佛教的高昌王的热情支持。高昌王赠给他许多金银衣物，配备了五十多名向导和随从，写了24封给沿途各国君主的信，请他们多多关照玄奘。但是，路途仍旧多艰。玄奘一行来到了终年积雪的凌山（今天山穆素尔岭），山高7000多米，山上有千年不化的冰河，狂风暴雪袭来，飞沙走石，往往把人埋没、砸死，或者冻死。玄奘一行人在冰雪封盖的大山中挣扎了 7 天，随行人员冻死了十分之三四。

经过一年的跋山涉水，第二年夏天，玄奘进入天竺境内。那时候，印度半岛上有 70 多个国家。玄奘从 628 年到 631 年，游历了北印度的二十多个国家，访问了许多佛教圣地，学习了梵文。到 631 年年底，玄奘来到了摩揭陀国的那烂陀寺。那烂陀寺是天竺佛教的最高学府，在这里，玄奘足足学习了 5 年，除认真听讲以外，又读完了寺里所藏各种经书，成为天竺闻名的第一流佛教学者。

学有所成后，玄奘怀念故土的心情也越来越迫切。尽管天竺各国国王、广大的僧俗人民再三挽留，鸠摩罗国王甚至表示只要他肯留下来，就为他建立 100 所专院，无奈玄奘归国心切，留学求经的目的既然已经达到，说什么也要回国。643 年春天，西游 17 年的玄奘辞别了戒日王和天竺的朋友们，满载着印度人民的友谊、荣誉和 657 卷佛经，启程回国了。

两年以后，当玄奘回到长安，整个长安城都轰动了。玄奘把带回来的佛经佛像陈列在长安的朱雀街南端，请大家参观。争观的百姓从朱雀大街到玄奘所住的弘福寺，排成了几十里长的队伍，焚香散花，鼓乐喧天。唐太宗听说玄奘从天竺载誉归来，也非常高兴，在洛阳亲自召见了他。玄奘叙述了一路上的见闻，唐太宗听得津津有味，要求他把旅途见闻写下来，也就是后来的《大唐西域记》。但玄奘从洛阳回到长安以后，最着急落实的还是组织各地高僧 100 多人，着手翻译佛经。长安大慈恩寺内的翻经院是专供他们翻译佛经的场所。经卷收藏在玄奘亲自设计修建的大雁塔里。大雁塔至今还屹立在西安城南，成为古都长安最显著的标志。

为了翻译佛经，玄奘经常“三更暂眠，五更又起”，如此夜以继日地工作了19年，译出佛经74部，共1300多卷。后来，玄奘所译佛经的原本在天竺散失了，玄奘的译本就成为研究印度古代文化的珍贵史料。

“有志者，事竟成”。凭着非凡的毅力和决心，积极进取地奋斗一生，如此才是不负当年志气。

坚定志向，要耐得住寂寞

原典

子曰：“贤哉回也！一箪食，一瓢饮，在陋巷，人不堪其忧，回也不改其乐。贤哉回也！”

意译

孔子说：“颜回，贤明啊！一小竹筒饭，一瓢冷水，住在偏僻简陋的街巷里。别人不堪忍受这种生活的穷困清苦，颜回却没有改变他乐观的本性。颜回是真正的贤明之士啊！”

处世智慧

孔子并不是赞扬甘于贫穷，而是激赏面对贫穷自强不息的乐观旷达精神。孔子胸怀仁爱，既希望普天之下的老百姓都能够有所养，有所乐，又怎会鼓励士人贫穷呢？孔子肯定的是在穷困的境遇下，仍不失其志，不失其乐，后世把这种快乐称为“孔颜之乐”。

一次，孔子想要搬到东方九夷地方去居住。有人说：“那里非常落后闭塞，不开化，怎么能住呢？”孔子说：“有君子去住，又怎么会闭塞落后呢？”

九夷这地方，别人住在那里，交通不便，饮食不便，起居不便，当然不适合居住。为什么孔子去住，那里就不落后了呢？因为孔子是带着精神的富矿去的。九夷那地方，因其偏远，人们的思想观念比较落后，正给了孔子传道的广阔空间，可以使孔子大有作为，这就是孔子与他人感觉不同的原因。

唐代著名诗人刘禹锡因主张革新，被贬到安徽和州当通判。在那里，刘禹锡曾三易其室，最后搬进一间四周满是枯树的小屋，刘禹锡泰然处之，挥毫写下了脍炙人口的《陋室铭》：“山不在高，有仙则名。水不在深，有龙则灵。斯是陋室，惟吾德馨。苔痕上阶绿，草色入帘青。谈笑有鸿儒，往来无白丁。可以调素琴，阅金经。无丝竹之乱耳，无案牍之劳形。南阳诸葛庐，西蜀子云亭。孔子云：何陋之有？”

整篇铭文，流露出的是作者的高雅情操以及周围环境的清幽可爱，读之令人神清气爽，真是“何陋之有”？自古这么多仁人志士之所以能不以“陋”为陋，归根结底，就是因为身处陋室亦能坚守自己的志向。而一个人一旦以践行自己的志向为乐，这种快乐便不依赖于外在物质了。外在环境的艰苦无法撼动内心的快乐，那这种艰苦又何苦之有呢？

下面一则故事更说明了古人对清贫的态度。

晋国大夫叔向去见执政大夫韩起，韩起正在为贫困发愁。叔向赶紧表示祝贺。

韩起皱起眉头，说："有什么好祝贺的？我有执政之名，却没有执政之实，如今我连与其他掌权的大夫交往的钱财都没有，都快愁死我了，你倒祝贺我，什么意思？"

叔向说："从前栾书担任执政大夫，他的田产不足百顷，还不到卿大夫爵位应有田产的五分之一，家里连祭器都不齐备。但他品德高尚，遵守法度，名声传遍诸侯，因此在他杀了国君晋厉公后，也没有受到国人的责难。他的儿子栾黡正好翻了个个儿，目无法纪，贪婪放纵，竟然放高利贷敛财，多亏父亲留下的余德，他才得以善终。到了栾黡的儿子栾盈，就没有那么好的运气了。栾盈虽然有他祖父栾书的遗风，注重品行修养，但因为受到父亲栾黡恶行的连累，被迫逃亡楚国。如今您有栾书的清贫，我认为您也具有他的美德，所以向您表示祝贺。假如您追求的不是德行而是钱财，我恐怕吊唁还来不及呢，哪里会向您祝贺？"

韩起听罢，立即对叔向下拜，叩头说："我韩起差点灭亡，多亏您的及时教导保护了我。不光我韩起，就是我韩氏的先祖曲沃桓叔以下先人，也都要感激您的恩德。"

清贫并不可怕，只要坚持操守，坚定志向，精神上的财富足可保自己平安康泰。相反，若只一味贪求富贵，再多金银家产也难求善终。

坚定志向，要经得起考验

原典

子曰："岁寒，然后知松柏之后彫也。"

意译

孔子说："到了寒冷的季节，才知道松树和柏树不凋谢。"

处世智慧

彫，即"凋"。后凋，即"不凋"。古人用"后"代指"不"。孔子以松柏不凋来比喻一个人品格志向坚定不移，经得住考验。后人遂以"松柏之志"代指坚贞不移的志节。

在中国历史上，汉代的苏武就是这样一个有着松柏之志的人。公元前 101 年，匈奴的新任首领决定与汉朝求和，把被扣留的汉人送回国。汉武帝为了报答他的好意，特派 41 岁的苏武护送被扣留的匈奴人回国，并且带了丰厚的礼物送给匈奴的新王。苏武和他的百人代表团完成了使命。然而在归途中，他的副使张胜因为共谋劫持匈奴太后，东窗事发，结果连累苏武被抓，被带到匈奴王面前问罪。

由于匈奴王对苏武有着深刻的印象，许诺如果苏武肯投降，他愿意原谅苏武。苏武不仅没接受匈奴王的好意，反而解释说："我自己虽然没有牵涉到劫持阴谋，可是，我应该对副使的行为负责，因为我的原因使汉朝皇帝丢了脸，我也无脸回国了。"苏武一面说，一面就拔剑自杀。

但苏武自杀未遂，只是把自己弄伤了，经过匈奴医生的医治，终于痊愈。不过匈奴王对苏武的印象更好了，就叫他的亲近大臣卫律再去劝苏武投降。

卫律先以死作威胁，迫使张胜投降，但此法对苏武却无可奈何。卫律接着又以荣华富贵作利诱，也被苏武拒绝了。

匈奴王以为让苏武吃尽苦头，会改变他的主意，就把他关进地牢，断食断水。苏武又饥又渴，只好以冰雪充饥解渴，但仍不改变自己的志向。匈奴王大怒，命令把苏武放逐到冰天雪地的贝加尔湖畔牧羊，并宣布除非公羊生小羊，否则苏武一生不能离开贝加尔湖。

面对冰天雪地的荒野，苏武还是没有丝毫改变。

后来，匈奴王派遣早先投降的汉朝官员李陵去劝苏武投降。李陵告诉苏武，他的两个兄弟在执行公务时自杀，他的母亲年老也死了，他的妻子显然已经改嫁，儿子好像也失踪了，回去也没有什么意思了。

但苏武告诉李陵的却是，如果一定要他投降，他将立刻自杀。李陵劝降不成，只好离去，但是，他却对苏武的正义行为，更为钦佩。

19 年以后，当初下命令囚禁苏武的匈奴单于已去世，汉朝这边，汉武帝也已去世，新单于与汉朝实行新的友好政策。苏武终于得到匈奴新王的允许，准许回国。此时的苏武，头发已经全白，而他的代表团团员，死的死，降的降，陪他归乡仅9人而已。

在匈奴期间，苏武大可以选择荣华富贵，投靠敌国，但是他却宁可死，宁可吃尽千辛万苦也不改变自己的气节志向。不惜以大好壮年时光，牧羊荒野。但也正因为如此，在朋友同僚纷纷易节之后，才更显出苏武的松柏之姿，成就了一段流芳百世的佳话。

要想看日出的人，必须守到拂晓，苏武就是一个能够坚守到拂晓的人，所以他取得了人生的完胜。真正的成功是需要时间的，而恒心和坚贞就是能帮助人们取得最终成功的一种伟大的优点。这个道理不但对我们个人适用，对一项伟大的事业，对一个国家的发展同样适用。我们看中国历史，有一个规律——每一个朝代真正的安定，都要开国以来百年的根基才行。从近代史来说，就看清朝，从清军入关，经过康熙、雍正、乾隆三朝百年来的努力，才开始有真正的安定。像“春满乾坤福满门”描写当时国家、社会的安定现象，实在也是得来不易。再回溯上去看明、宋、唐，甚至汉，都是如此。每个朝代开始，社会在大变乱之后，真正过安定生活走上轨道，大体上都要百年的时间。当然恢复很容易，长治久安比较难。

在对待自我成功这个问题上也是同理，一定要有足够的耐心，给自己成功的时间，要一步一步来，不要着急。只有经得起考验，耐得住寂寞，方有转机之日。

道不同，不相为谋

原典

子曰："道不同，不相为谋。"

意译

孔子说："所走的路不同，就不能共同谋划。"

处世智慧

道者，路也。引申为各人所走的人生大道，即人生志向。孔子认为，人生志向不一样的人，不能共同谋划事务。

东汉时，管宁与华歆是坐在同一张席上读书的同学。一次，有个达官显贵乘坐轩经过门前，管宁视若无睹，华歆却放下书出去看。又有一次，管宁和华歆一起在园中锄菜，发现菜地里有一片金子，管宁把它看作瓦石一样，依旧挥锄不止，华歆却先拣起来看看，然后才扔掉金子。

于是管宁将坐席割成两半，与华歆分开坐，对华歆说："你不是我的朋友了。"

管宁之所以这样做，想必是从华歆的行为中看到了其对权贵和金钱的贪欲。可想而知，能够乘轩而过的人，必是一方权贵；而拾起金子的行为，说明了华歆很看重金钱，只是碍于面子，才不得不放下贪婪的手。道不同，不相为谋。后来的事实也说明，管宁确实看出了华歆的不良品质。

华歆在汉灵帝时举孝廉，先后任郎中、议郎、侍中、尚书令、御史大夫、司徒等职，后投靠曹魏集团，成了曹丕篡汉自立的急先锋。曹操废伏皇后时，华歆亲自带领士兵进入皇后寝宫，将躲在墙壁中的伏皇后抓捕杀掉。曹操死后，华歆又当面威逼汉献帝让位于曹丕，极尽卑躬屈膝、阿谀逢迎之能事，助纣为虐，为虎作伥。

与华歆这样的人交朋友，必然也会在历史上留下骂名。所以志向并不仅仅是关乎自身的事，它还囊括了一定的性情、趣味甚至是非准则。唯有志向相投的人，才能患难与共，惺惺相惜。

但需要强调的是，这里所说的“道不同，不相为谋”的“道”，指的是人生大志向、大道义的“道”。这个意义上的“道”涵盖了儒家的修己安人，修身平天下，包含有最起码的仁义理念。在这一意义上，儒家才会强调它的相同。如若只是各人的事业之“道”，就不存在“不相为谋”的问题了，相反，在这种情况下，不同主张的人聚在一起更能碰撞出思维的火花，因为不同领域的人，其实往往是观察事物的角度或视野不很一致的人，这样的人如果能平心静气地坐到一起商量事情，往往能更加全面地考虑到事物的各个方面。

此外，“道不同，不相为谋”也可适用于婚姻，如果夫妻两人在人生观、爱情观、事业观、金钱观、交友观、育儿观、审美观等都比较一致，婚姻幸福美满的可能性就会很高；如果这些观点分歧太大，彼此又不能互补或妥协，婚姻一般就很难长久，不管两人在结婚前多么相爱，不管两人是通过多么巨大的努力才争取到的婚姻。

第二章

学习是一件快乐的事情

任何人都需要学习

原典

子曰："由也女闻六言六蔽矣乎？"对曰："未也。""居！吾语女。好仁不好学，其蔽也愚；好知不好学，其蔽也荡；好信不好学，其蔽也贼；好直不好学，其蔽也绞；好勇不好学，其蔽也乱；好刚不好学，其蔽也狂。"

意译

孔子说："仲由啊，你听过六种品德和六种弊端的说法吗？"子路回答说："没有。"孔子说："坐下！我告诉你。爱好仁德而不爱好学习，它的弊端是愚昧；爱好智慧而不爱好学习，它的弊端是放荡；爱好诚信而不爱好学习，它的弊端是害人害己；爱好直率却不爱好学习，它的弊端是说话尖刻；爱好勇敢却不爱好学习，它的弊端是导致动乱；爱好刚强却不爱好学习，它的弊端是狂妄自大。"

处世智慧

在子路还不是孔子学生的时候，子路经常去孔子的学校捣乱。

孔子问子路："你有什么爱好？"

"长剑。"子路答。

"我问的不是这个意思。"孔子说，"我是问，以你现在的本事，如果再加上学习，谁还能比得过你呢？"

子路瞥了孔子一眼，反问："学习有什么好处？"

孔子回答说："君主如果没有直言相劝的臣子就会在治理上失误，士人没有相互切磋的朋友就会在道德上出错。驯服狂野烈马不能没有鞭子，矫正强弓硬弩不能没有器具。木材只有经过墨绳取线才能锯成真正的木料，人只有经过教育才能成为人才。只有学习能够解决长期存在的疑惑，人们知道了应该怎样做，能够不成功吗？"

顿了顿，孔子加重语气说："诽谤实行仁爱的人，诋毁追求学问的人，是接近造孽的行为。总之要想成为君子，绝不可以不学习。"

子路不服气，说："南山上野生的竹子，没见谁侍弄它，却长得直直的，砍下来当箭使，能够穿透犀牛皮，我问你，南山上的竹子向谁学习了？"

孔子回答："不错。然而给竹竿的后面装上尾羽，前面再装上磨得尖尖的箭头，这样的箭不是能够射进得更深吗？"

子路恍然大悟，拜谢说："接受先生教诲。"从此成为孔子门徒。

这里说的是孔子劝服子路学习的故事，想来年轻时的子路可能并不把学习放在心上，对学习的重要性缺乏必要认识，所以孔子一而再再而三地对子路重申学习的必要性。

人无生而知之者。如果想要取得一定的成就，做成一定的事业，却又不学习，是不可能实现的。一个人资质再好，就犹如子路口中的竹子，如果不经过学习、打磨，也不可能成为战士作战的弩箭，实现自我价值的飞跃。古今中外，从来只有刻苦学习以取得大成就的，不学自通者向来只能存在于神话传说中。

华人首富李嘉诚曾被誉为“塑胶花大王”。他的塑料花技术就确确实实是“学”来的。

李嘉诚早年就酷爱学习。每天白天工作后，晚上还要买些旧书来自学，学完的旧书再拿到旧书店去卖，再用卖掉的钱买“新”的旧书。这样既学到了知识，又节省了很多钱。他起初生产塑料花时，由于技术落后等原因使产品严重滞销，使工厂陷入危机。

一天深夜，李嘉诚翻阅英文版《塑胶》杂志，目光被一则简短的消息吸引住：意大利一家公司已开发出利用塑胶原料制成的塑胶花，即将投入成批生产推向欧美市场。

一直苦苦寻找突破口的李嘉诚，仿佛看到了久久寻找的曙光，兴奋不已。1957 年春天，李嘉诚揣着希冀和强烈的求知欲，登上飞往意大利的班机，打进这家塑胶厂的车间做了打杂的工人。

在意大利的公司里，李嘉诚负责清除废品废料，每当他推着小车在厂区各个工段来回走动时，双眼都恨不得把生产流程吞下去。李嘉诚的卖力，工头看在心里，并不时夸他“好样的”，只是他们万万想不到这个“下等劳工”，竟会是“国际间谍”。

李嘉诚每天晚上收工后，就急忙赶回旅店，把观察到的一切记录在笔记本上。假日，李嘉诚邀请数位新结识的朋友，到城里的中国餐馆吃饭，这些朋友都是某一工序的技术工人。李嘉诚用英语向他们请教有关技术，佯称他打算到其他的厂应聘做技术工人。

就这样通过眼观耳听，李嘉诚大致悟出了塑胶花制作配色的技术要领。

站在今日的角度，李嘉诚的行为有悖商业道德。但在专利法还不太健全的20世纪50年代，李嘉诚迫于无奈的举动，又是可以理解的。随着李嘉诚的“学成”归国，一起到达的还有几大箱塑胶花样品和资料。临行前，塑胶花已推向市场，李嘉诚跑了好些家花店，了解销售情况。他发现绣球最畅销，立即买下好些绣球花作样品。

回到自己的长江塑胶厂后，李嘉诚不动声色地把几个部门负责人和技术骨干召集到办公室，将样品展示给大家看，设计师根据他提供的数据做出不同色泽款式的“蜡样”。然后李嘉诚带着蜡花走访不同消费层次的家庭，最后终于确定一批蜡花作为开发产品。此时，技术人员经过反复试验，也已把配方调色研定到最佳。又经历了连续一个多月的不眠之夜，第一批样品终于研制成功了。

这个时候，意大利塑胶花已进入香港市场，由连卡佛百货集团公司经销。连卡佛是老牌英资洋行，走的是高档路线，卖的是名牌及奢侈品。意产塑胶花价格不菲，只有少数洋人和华人富有家庭购买。

李嘉诚携带自产的塑胶花样品，一一走访经销商。他们被这些惟妙惟肖、精致小巧的塑胶花惊得瞠目结舌。他们简直不敢相信，就凭长江破旧不堪的厂房，老掉牙的设备，能生产出这么美丽的塑胶花？

“这是你们出品的吗？”一位客户狐疑地问道。论质量，可以说与意产的不分上下。

再一问价格，李嘉诚的报价，又一次使他们目瞪口呆，物美价廉，没有理由不畅销。大部分经销商，都非常爽快地按李嘉诚的报价签订了供销合约。有的为了买断权益，甚至主动提出预付 50%订金。

李嘉诚的塑料花掀起了香港消费新潮，从众多塑胶制品家族中脱颖而出,他的长江塑胶厂也由此蜚声香港业界。而这一切，都可以说是李嘉诚偷艺学来的。可见，任何技术、知识乃至做人做事的道理，学习都是最快获得的途径。与其闭门造车，不如走进广阔的天地，多交流、多学习，事半功倍，何乐不为?

学习的最大快乐在于实践

原典

子曰："学而时习之，不亦说乎？"

意译

孔子说："学习，并不断实践，有什么能比这更令人感到愉快的吗？"

处世智慧

所谓学习，实质就是把别人的知识、技能、经验转化为自己的东西。要达到转化，关键在于实践。因此，孔子才会发出"学习并实践，还有什么比这更愉快"的感叹，实在是窥得精髓，一语中的。

战国时期弱肉强食，要在这样的大环境下求生存、求发展，对每一个国家来说都是严酷的考验，国君们为了稳固基业扩张领土更是好学不倦。赵武灵王赵雍就是一位勤于学习、敢于实践的代表。

赵雍 15 岁即位的时候，赵国正处在国势衰落时期，疆域只限于如今的河北中南部和山西北部，军队与其他列国一样仍由车兵、步兵构成。就连中山那样的邻界小国也经常来侵扰。而在和一些大国的战争中，赵国常吃败仗，大将被擒，城邑被占，眼看着被别国兼并。赵国边境东北同东胡相接，北边与匈奴为邻，西北与林胡、楼烦为界。这些少数民族部落都以游牧为生，长于骑马射箭，更是常以骑兵进犯赵国边境。

一天，赵雍对将军楼缓说："咱们东边有齐国、中山，北边有燕国、东胡，西边有秦国、韩国和楼烦，我们要不发愤图强，随时会被人家灭了。要发愤图强，就得好好来一番改革。我觉得咱们穿的服装，长袍大褂，干活打仗，都不方便，不如胡人短衣窄袖，脚上穿皮靴，灵活得多。我打算仿照胡人的风俗，把服装改一改，你看怎么样？"楼缓性子直，兴高采烈道："咱们穿了胡人的衣服，也能学到他们打仗的本领，大王真是英明啊！"可赵雍还有些担心，怕遭到老臣们的反对，他的另一个臣子肥义圆场道："要办大事不能犹豫，犹豫就办不成大事。大王既然认为这样做对国家有利，何必怕大家讥笑？"赵雍于是很高兴地说："我看讥笑我的是些蠢人，明理的人都会赞成我。"

第二天上朝的时候，赵雍首先穿着胡人的服装出来。大臣们见到国君一身短打扮都吓了一跳。赵雍趁势把改胡服的事向大家讲了，不仅要使军队将士改穿，还要全国上下臣民都改穿。可是大臣们总觉得这件事太离经叛道，简直是丢华夏族的脸。赵雍的叔叔公子成是赵国最有影响力的老臣，他保守顽固，反对得尤其厉害，听到赵雍要改服装，干脆装病不上朝。

赵雍是下定决心，非实行改革不可。但要推行新法，首先要打通公子成等一干老臣的思想。于是赵雍亲自上门找到公子成，跟公子成反复地讲穿胡服、学骑射的好处。终于，公子成也穿胡服上朝了，其他有意见的大臣一看公子成都不再反对了，也就只有作罢。

赵雍看到条件成熟，就正式下了一道改革服装的命令。没多久，赵国人不分贫富贵贱，都穿起胡服来了。有的人开头觉得有点不习惯，后来觉得穿了胡服，实在方便得多。

接着赵雍又号令大家学习骑马射箭，决定让本国的精锐全部弃车乘马，实行由车战向骑战的转变。此前人类虽驯养马匹千年，却只能耕田驾车，因未解决鞍具无法骑驭。春秋和战国前期军队主力是马拉战车，其冲击力和速度虽然超过步兵，却常常因道路所限难入山地丘陵，整体上作战呆板、迟缓。赵雍选择靠近河套的草原训练骑兵，并让国内作坊制作马具，建立起华夏民族最早的一支骑兵。当时军队实行骑兵化的重要意义，相当于现代战争史上陆军由徒步跃升为机械化。他还亲自骑马弯弓并露宿草原，聘请擅长骑射的胡人担任教练，推广了养马、制革、设兽医和筹办草料等完整配套的制度，很快培训出一万名装备精良且射术高超的骑兵，其他列国的步、车兵和北方零散部落在其狂飙般的攻击下，一时均非对手。

公元前 305 年，也就是行胡服的第二年，赵国就向侵略赵国已久的中山国发动进攻，一直打到宁葭（今河北获鹿县北）。又西攻胡地，到达榆中（今内蒙古河套东北岸地区），辟地千里 ，林胡王向赵国贡献良马以求和。赵国也从弱小的国家一跃成为战国七雄之一。

赵武灵王为了拓展疆土、富国强兵，不为旧制和保守势力所束缚，力排众议，终于使赵国的军力显著增强，成为战国后期东方六国中唯一能与强秦抗衡的国家。胡服改制的成功也使中国古代战争的样式从此有了根本性的变化，使骑兵这一灵活的新兵种取代了笨重的车兵，而这一切都是来源于赵雍对胡人骑射的学习。

近代史学家梁启超曾评价说："战国七雄中实行军国主义的，只有秦国和赵国……商鞅，相当于秦国的俾斯麦；而武灵王，则相当于赵国的大彼得。"将赵雍和俄国的彼得大帝相提并论，可见其意义非凡。过去史书多称赞商鞅变法，其实赵武灵王推广胡服骑射在军事史上的意义可能更为重要。

学与思要结合

原典

子曰："学而不思则罔，思而不学则殆。"

子曰："吾尝终日不食，终夜不寝，以思。无益。不如学也。"

意译

孔子说："只学习不思考，容易迷惑不解。只思考不学习，很危险。"

孔子说："我曾经整天不吃饭，彻夜不睡觉，冥思苦想，结果却没有什么进步，还不如认真地学习。"

处世智慧

这两节重在说明学与思的辩证关系。只读书不思考是读死书的书呆子，只空想不读书是陷入玄虚的空想家。书呆子迂腐而无所作为，空想家浮躁不安而想入非非，甚至有认知上的危险。所以孔子主张学习与思考相结合的方法。

明代人陈鎏说："读书须知出入法：始当求所以入，终当求所以出。见得亲切，此是入书法；用得透脱，此是出书法。"读书应当懂得出得来、进得去的方法。开始时应当探求如何进入书本的方法，末了时应当探求如何跳出书本的方法。读书透彻，这是入书法；灵活运用，这是出书法。读书不能透彻，就不知道古人的用心所在；不能灵活运用，就又被古人的言论所拘制。学是入书，思是出书。只有出入自如，出入有道，才算懂得读书的方法 ，学可有成。

李时珍是我国历史上著名的医药学家，他编纂的《本草纲目》是从医之人的必读经典，这部经典的诞生故事足以说明学与思结合的必要性。

李时珍出身医学世家，从小就随父亲行医，又熟读药典，见多识广。对前辈们积累的经验和流传下来的著作，他给予充分尊重，努力消化和吸收，但绝不盲从。李时珍善于思考，对医学和草药有自己的看法，随着知识和经验的积累，他逐渐发现旧有经典上的一些错误和缺失，急需订正和补充。

但促使李时珍下定决心编纂新医书，还是源于当时的一件“医疗事故”。一天，李时珍出诊刚回家，一位农夫就匆匆赶来，把他请去为妻子治病。原来这位农夫的妻子突患急症，于是请来一位江湖术士开药方。不料，药按方服下后，病势未得到控制，反而变得更加严重，陷入昏迷状态。这位农夫看到妻子奄奄一息，才急急忙忙把李时珍请来。李时珍让农夫拿出药方，仔细揣摩，又给病人反复把脉，觉得药方并没有错。李时珍把药渣找来，这才发现里面竟然有药方上没有的一种药材“虎掌”，而药方上列出的“漏篮子”这一味药，在药渣中却没有发现。

李时珍恍然大悟，原来是药铺里抓错药，把“虎掌”当作“漏篮子”给病人，险些酿成大错。回到家，李时珍思绪万千，他看着手中的旧“本草”——《日华本草》，就是这本书上记载“漏篮子”，又名“虎掌”。他反思这些本草书，虽然有很大的成就，但是也有很多的漏洞，如果使用者不谨思慎察，势必还会出错。想到这里，李时珍终于下定决心修改《本草》，为旧《本草》添加新的东西，使之真正成为能够救死扶伤的医书。

李时珍穿上草鞋，带上药书和纸笔，背上药筐，便投身于茫茫大山之中。为检测草药药性，他自己品尝各种草药，常常因为误食毒草而中毒，险些丢掉性命。在采集草药中，一旦发现旧《本草》中没有记载的草药，他就虚心向当地的百姓请教。他在一位老农那里学到，《本草》中的“芸苔”就是当地的油菜，这种菜第一年播种来年开花，可以散血消肿。一位药农则教他进一步认清茯苓的外形特征、药用功能以及采制方法。一位捕蛇者更是让李时珍了解到上百种蛇和 80 多种专门医治毒蛇咬伤的草药。

半生奔波，再加上仔细的校对整理，李时珍终于在 60 岁那年编成《本草纲目》，书中收录了 1892 种药物，1160 幅插图，11016 则药方，共百万余字，成为千秋万世的经典。

实际上，任何成功都是学与思相互作用的结果。如果一味照搬，像那位替人抓药的先生一样，轻则小错小过，大则人命关天，追悔莫及。任何需要学习的知识都不只是别人的，只有经过自己的思考，才可作用于己身。

这是一个滑稽却助人思考的故事：老翁和孩子用一头驴子驮着货物去卖，货卖出去了，孩子骑驴回来，老翁跟着走。但路人责备小孩子不懂事，于是他们便换了一个位置，老人骑驴，小孩儿徒步走。走了一段路又有人责备老人心硬，只自己骑驴，让孩子徒步，于是老人忙将孩子抱到鞍上两人一起骑。走了一段路，有人又说他们残酷，竟然两人同骑一头驴。于是两人都下来徒步。走了不久，又有人笑他们是呆子，空着现成的驴子不骑。于是老人对孩子叹息道，我们只剩了一个办法，就是我们两人抬着驴子走了。

可见，无论学习还是做事，一味接收，不假思索，脑子里只有别人的想法，只会弄到抬着驴子走的地步。他人的经验是他人智慧的结晶，置之不理不明智，全盘照搬更没脑子，如何比较权衡、消化吸收才是真正值得思考的。

承认无知即是知的开始

原典

子曰："由，诲女知之乎？知之为知之，不知为不知，是知也。"

意译

孔子说："仲由，我告诉你什么是'求知'吧！知道就是知道，不知道就是不知道，这才是真正的知！"

处世智慧

求知最忌自欺欺人，不懂装懂。

世界著名物理学家、获诺贝尔物理学奖的美籍华人丁肇中为南航师生作学术报告时，给出了惊异世人的"三不知"。

同学提问："您觉得人类在太空能找到暗物质和反物质吗？"

丁肇中回答："不知道。"

同学又问："您觉得您从事的科学实验有什么经济价值吗？"

丁肇中回答："不知道。"

又有同学问："您能不能谈谈物理学未来20年的发展方向？"

丁肇中还是回答：“不知道。”

三问三不知！

这让在场的所有同学意外，但不久就赢得全场热烈的掌声。也许，一些人在说“不知道”时往往被看作是孤陋寡闻和无知的表现，但丁先生的“不知道”却体现着一种做人的谦逊和科学家治学的严谨态度，不禁令人肃然起敬。

美国现代物理学家费曼说：“科学家总是与疑难和不确定性打交道的。当一个科学家不知道一个问题的答案时，他就是不知道；当他有了大概的猜测时，他的答案也是具有不确定性的；即使他对自己的答案胸有成竹时，他也会对质疑留有余地。”

“知之为知之，不知为不知，是知也”。学问愈深，未知愈重；越是学识渊博，越要虚怀若谷。作为专家、学者，对不知道的东西，不仅应当老实地承认“不知道”，而且要敢于说“不知道”。对科学家来说，承认自己的无知，使自己的结论留有被质疑的余地，是科学发展所必需的。而对于普通人，承认自己的无知，才可能不断汲取新知识，取得新进步。

面对他人对自己“生而知之”的猜测，孔子曾对弟子祖露说：“吾有知乎哉？无知也。有鄙夫问于我，空空如也。我叩其两端而竭焉。”我有学问吗？其实我没有多少学问。如果有一个乡下人问我一些事，我对他谈的问题也是什么都不知道的。我只是从问题的正反两个方面去叩问他，一步步问到穷竭处而已。越是有学问有德行之人越保持着清醒的头脑，既不吹嘘做作，更不会接受别人的夸张奉承。

其实，丁肇中大可不必说“不知道”。比如可以用一些专业性很强的术语糊弄过去，可以说一些不沾边际的话搪塞过去，甚至还可以委婉地对学生说：“这些问题对于你们来说太深奥，一两句话解释不清楚。”但是，这位诺贝尔奖得主却选择了最老实、最坦诚的回答方式，而且表情自然、诚恳，没有明知不说的矫揉造作，没有故弄玄虚，也绝没有“卖关子”。丁教授坦言不知道，不但无损于他的科学家形象，更凸现了他严谨的科学态度，令人肃然起敬。与丁肇中“三问三不知”相似的还有著名男高音歌唱家帕瓦罗蒂。

一次大型演唱会上，帕瓦罗蒂刚刚演唱到高潮，却突然停顿下来。举座哗然，连乐队都停了下来。面对观众和乐队，帕瓦罗蒂坦诚地道歉说自己忘记歌词了，请求大家原谅，希望大家再给他一次表演机会。一阵沉寂后，全场爆发出热烈的掌声。事后，有人告诉帕瓦罗蒂：“你完全可以做做口型，而不必承认自己忘了词。相信观众肯定会认为是麦克风坏了而丝毫不会怀疑到你身上。”帕瓦罗蒂微微一笑：“如果还有下次，我同样会认错。因为事实早晚会被人知道，那对我的声誉影响会更大。”

人非圣贤，未知、迷惑都是人生常态，重要的不是遮掩推脱，而是坦然承认，真心面对，然后实事求是，孜孜不倦地去完善自己，也只有如此，“无知”才可能成为“知”的第一步，才有可能成为真正的“知”。

学习要不耻下问

原典

子贡问曰："孔文子何以谓之'文'也？"子曰："敏而好学，不耻下问，是以谓之'文'也。"

意译

子贡问孔子："孔文子凭什么以'文'为谥号呢？"孔子回答说："他聪敏好学，又能虚心地向地位低于自己的人请教，而不以为耻，所以谥号以'文'。"

处世智慧

不以向地位、身份比自己低的人请教学问为耻，两千多年以来，无数学者、先贤一直在践行着这一点。泰山不让寸土而成其大，江河不捐细流而就其深，学习也是一样，唯有不让寸土、不捐细流，最终才能取得一方成就。

东汉末年杰出的医学家华佗，字元化，沛国谯县（今安徽省亳州市）人。三国著名医学家。一生行医各地，声誉颇著，在医学上有多方面的成就，精通内、外、妇、儿、针灸各科，对外科尤为擅长。

华佗少时曾在外游学，钻研医术而不求仕途，行医足迹遍及安徽、山东、河南、江苏等地。在他功成名就之后，仍然谦虚好学。

一次，华佗给一个年轻人看病，经望、闻、问、切之后，认为患者得了头风病，可是他一时又拿不出来治疗此病的药方，急得束手无策，病人也很失望。

后来，这位病人找到一位老医生，很快就把病治好了。华佗听后很是惭愧，便打听到老中医的住处，决心去拜师学艺。但华佗当时名噪四方，唯恐老中医不肯收他为徒，于是改名换姓，来到老中医门下，恳求学医。老中医见华佗心诚，就收他为徒。

从此，华佗起早贪黑，任劳任怨，虚心好学，终于获得了治头风病的绝技。当华佗满师归来时，这位老中医才明白眼前这个徒弟就是名医华佗，他一把拉住华佗的手说："华佗啊，你已是名扬四海，为何还要到我这里受苦？"华佗把来意告诉了老中医，并说："山外有山，学无止境。人各有所长，我不懂的地方就应该向您学习。"

在文学方面，不耻下问的事例就更多了，这从不少"一字师"的例子就可看出。

所谓"一字师"，就是改一个字的老师。他给你的诗文改一个字，你就尊他为师。这里有文人的风雅谦逊，但更多的是对学问及老师的敬重。

唐五代"诗僧"齐己，写过一首题为《早梅》的诗，其中有两句是"前村深雪里，昨夜数枝开"。诗人郑谷读后提意见说，"数枝"就不算"早"了，不如改为"一枝"。齐己觉得言之有理，当即拜他为"一字师"。后来很多人也都认为"数"改为"一"好，但郭沫若先生却认为，齐己写早梅用的是白描手法，不加渲染烘托，是怎么回事就怎么回事，“数枝”没什么不好，因此，“改固可，不改亦未尝不可”。一个推敲语言，一个尊重事实，都能够言之成理。

元代诗人萨天锡有两句诗：“地湿厌闻天竺雨，月明来听景阳钟。”很多人都赞誉有加，唯有一个不知名的老者含笑摇头。萨天锡求教，老者说：“此联虽好，只是‘闻’‘听’二字意思重复，‘闻’宜改为‘看’。”并说唐人有“林下老僧来看雨”的名句。萨天锡即俯身叩首拜为“一字师”。“闻”改为“看”，不但避免了重复，而且“看”比“闻”更直观，因而更能表现“厌”的情绪，妙！

学海无涯，所有以学问和知识为目标的人，都应该以得到老师指点为喜，至于老师的身份地位，真的不重要。

温习旧知识可以得到新知识

原典

子曰："温故而知新，可以为师矣。"

意译

孔子说："温习过去的东西并且由其中获得新的领悟，过去的事是可以作为老师的。"

处世智慧

所谓"前事不忘，后事之师"，说的都是过去的事足以作为未来的老师，当然还有一个前提，那就是能从中获得"新知"，而新知的获得大多时候是建立在反复琢磨的基础上的。

有位评论家说，少年时读塞万提斯的《堂吉诃德》会发笑，中年时读了会思考，老年时读了却想哭。好的书经过反复阅读后才会不断转化出新东西，意大利诗人但丁每天研究《圣经》；大文豪托尔斯泰把《新约福音》读了又读，最后可以长篇背诵下来；马克·吐温旅行时必带一本厚厚的《韦氏大辞典》；白朗宁每天翻阅辞典，从辞典里面获得乐趣和启示……

当然，除了好书，别人的经历、历史事件等也都可作为我们的老师。但越是学习借鉴，越是要明确其新发展、新变化，一味地片面模仿学习不仅不可能创造出新的东西，反而容易导致自身的毁灭。第二次世界大战期间的英国首相丘吉尔曾经说："战争中的第一次战斗都是独特的，需要对实际情况作深刻的分析。最容易通向惨败之路的莫过于模仿以往英雄们的计划，把它用于新的情况中。"在战争史上，由于照搬前人经验而丧师败绩的事例不胜枚举。唐朝房官效法古制，用车战制敌，被安史叛军杀得一败涂地。20 世纪 30 年代的法军统帅部，完全搬用第一次世界大战的经验，在法西斯德国的闪击下，一触即溃。相反，那些被人称道的成功战例，都无不具有惊人的创新之举。

秦朝灭亡后，项羽和刘邦又展开了一场战争，这就是后来的楚汉相争。

公元前 205 年，刘邦手下的大将韩信偷袭魏王豹，灭掉了魏国。10 月，刘邦又派他与张耳率几万军队向东挺进，准备攻击赵国。韩信的部队要通过一道叫井陉的山口，井陉口地势极为狭窄，易守难攻。赵王赵歇和赵军统帅陈余立刻在井陉口聚集 20 万重兵，严密防守。

赵王手下的谋士李左车对大将陈余说："韩信这次出兵，一路上打了很多胜仗，可谓是一路威风，现在他又乘胜远征，企图攻下赵国，其势锐不可当。不过，他们运送粮食需经过千里跋涉，路途遥远。现在我们井陉山路狭窄，车马不能并进，汉军的粮草队必定落在后面。只要您暂时给我 3 万人，我从小道出击，拦截他们的武器粮草，断绝他们的供给，如此汉军不战死也会饿得半死。你在这里坚守要塞，不与他们交战，他们前不能战，后不能退，用不了几天我们就可活捉韩信。"但大将陈余不听，仗着兵力众多，坚持要与汉军正面作战。

韩信听闻这一消息后，非常高兴。随即命令部队在离井陉30里的地方安营，到了半夜，让将士们吃些点心，告诉他们打了胜仗再吃饱饭。然后，他派出两千轻骑从小路隐蔽前进，命令他们在赵军离开营地后迅速冲入赵军营地，换上汉军旗号；接着韩信又派出1万人沿河岸背水摆开阵势。背水历来是兵家绝地，一旦背水，非死不可。陈余得知消息，大笑韩信不懂兵法，不留退路，自取灭亡。

到了天明，韩信率军发动进攻，双方展开激战。不一会，韩信、张耳假装败退，向河岸阵地靠拢。陈余则指挥赵军拼命追击。这时，韩信命令主力部队出击，背水结阵的士兵因为没有退路，也回身猛扑敌军。这时预先埋伏的两千轻骑兵，见赵军倾巢出击，立即飞奔驰入赵营，拔掉赵国的全部军旗，换上汉军的红旗。

赵军无法取胜，正要回营，却忽见营中已插遍汉军旗帜，惊恐之下，四散奔逃。这时汉军两面夹击，赵军大败。陈余被杀，赵王也被俘获。庆祝胜利时，将领们问韩信："兵法上说，列阵可以背靠山，前面可以临水泽，现在您让我们背靠水排阵，还说打败赵军再饱饱地吃一顿，我们当时不相信，然而竟然取胜了，这是什么原因呢？"

韩信笑着说："这也是兵法上有的，只是你们没有注意到罢了。兵法上不是说'投之亡地然后存，陷之死地然后生'吗？如果是有退路的地方，士兵都逃散了，怎么能让他们拼命呢！"

韩信身经百战，熟读兵书，能够从旧有的知识和经验中提炼出制胜的关键，因此把握了战机，以新奇之术取得了战役的胜利。也就是说，韩信的背水之战虽看似出新出奇，但这种新也是由旧知识、旧经验孕育而来的。温故知新，这既是智谋者出众的地方，也是每个人当学习的能力。

没有天生就知道的人

原典

子曰："我非生而知之者，好古，敏以求之者也。"

子曰："盖有不知而作之者，我无是也。多闻择其善者而从之，多见而识之，知之次也。"

意译

孔子说："我并不是生来就有知识的人，只是爱好古老的文化，勤奋敏捷地去求得知识的人。"

孔子说："大概有不知晓就妄加创造的人吧，但我不是这样的人。多听，选择其中好的来学习，多看并且牢记在心，这是比生而知之者次一等的智慧。"

处世智慧

没有天生就知晓知识的圣人，像孔子这样多知多智的人，之所以能达到这一境界，也是由于多听多记、勤奋好学的缘故。孔子之所以这样公开自己的"成功秘诀"，估计是因为当时社会上有一些流行观点，认为孔子生而知之，是天生而降的圣人，为此，孔子不得不作此回应。

孔子出生在一个没落的贵族家庭。3 岁时，父亲去世，母亲颜氏带着孔子回到曲阜。孔子的母亲粗通文墨，应该对孔子进行过基本的言传身教，教会了孔子最起码的读书写字，孔子后来终其一生孜孜不倦的好学精神应该也有母亲的督促影响。

孔子17岁时，母亲去世，生活的重担全压在孔子一个人身上。为谋取生存，孔子担任过管理仓库和管理牛羊的小官，在完成好本职工作的同时，即使生活艰辛，孔子仍坚持对知识的汲汲追求。一有空余，孔子就会专心读书，自己的书读完，就四处去借。遨游在知识海洋中的孔子，生活和工作的辛劳都一扫而空，并且还收获了求知的快乐。用孔子后来的话讲，就是“贫而乐”。在这种情况下，孔子虽然未曾像贵族子弟一样接受过正规教育，但由于他刻苦好学、敏而好问，很早就掌握了贵族子弟必修的“六艺”，并以博学和知礼闻名。

为扩大自己的知识领域和视野，孔子一有机会就外出游学。据记载，孔子第一次到当时的京师洛邑时，便拜见大夫苌弘，向他请教古代歌舞和音乐理论。在苌弘老师面前，孔子毕恭毕敬，认真倾听他的讲解，并且经常提出自己独到的见解和看法。孔子视野的广阔、知识的丰富以及见识的卓越，都博得苌弘的高度赞赏。从此之后，孔子在京师洛邑也成为小有名气的人物，当时的一些学者也纷纷前来拜访，向孔子讨教。

后来，孔子又在洛邑拜见周王室的守藏吏老子——当时最伟大的思想家。这次拜见，让孔子更是受益匪浅。孔子虚心向老子请教“礼”。孔子不仅拜访当时的大师，向他们求学，也向当时生活在社会底层的人们学习，甚至还向 7 岁的儿童求教，真正做到敏以下问，学无常师。

司马迁在《史记·仲尼弟子列传》中这样记载道："有一天，陈子禽问孔子的学生子贡：'仲尼从哪里学到这么广博的知识呢？'子贡回答说：'文王和武王的治国之道没有完全没落，贤人记住重要部分，而不贤的人只记住很少的一部分，这些都表现文王和武王的道，我的老师怎么会不学呢？他没有固定的老师啊！"从另一个侧面佐证了孔子好学乐学的真实性。

除了思想家、知识分子需要不断学习外，所有取得成就的企业家、经营管理者也莫不如此。新加坡著名企业家、杰出社会活动家和华人社会领袖孙炳炎，就是最有力的证明。

1912 年孙炳炎出生在福建省一个小乡村，高小毕业后到新加坡谋生，1932 年，20 岁的他在哥哥的帮助下用当学徒积攒的 2000 元做资本创立公司，经营枋材。后来，他与哥哥分家，开始单枪匹马独立创业。那个时候，他既是老板又是售货员，忙得几乎没有时间，但此时的他仍不忘学习，开拓自己的视野。随着世界形势的转变，他也及时学习新知识，了解世界市场新动向，在经营木材之外，渐渐地还经营起水泥等建筑材料。由于他的公司信誉好，逐渐获得各厂商的信任，开始拥有稳定的客户。这时他又与木材厂、建材厂等发展了良好的业务关系，到太平洋战争爆发时，他的企业已初具规模，拥有职员 20 余人，资本数十万。战争期间，建筑行业兴盛，孙炳炎乘机扩大公司规模，到 1949 年，公司的资产增至 50 万元。

为进一步发展企业，孙炳炎把部分股份卖给员工，以提高员工的积极性。另外，他还在百忙之中，为自己聘请一位英文老师，进一步提高自己的英文水平。几年后，孙炳炎已经能够用英语与外商洽谈生意，能够看懂英文账目及合约，还可以处理英文报告及档案。

就是凭着敏而好学的求知精神和精明的商业头脑，孙炳炎把握时机，逐渐扩大自己的企业，最终在东南亚各地设立分公司，逐渐享有盛名。而且，由于孙炳炎紧跟时代的脚步，不断学习吸收新东西，所以能不断对企业进行改革和创新，让企业始终保持旺盛的生命力，稳稳占据了市场不败席位的一角。

活到老，学到老

原典

子曰："加我数年，五十以学《易》，可以无大过矣。"

意译

孔子说："假如再给我几年时间，五十岁的时候去研习《易经》，我便可以没有大的过错了。"

处世智慧

晋国的国君晋平公对乐师师旷说："我很想学习，但今年已经70岁了，怕是迟了！"

师旷说："为什么不点燃蜡烛呢？"

晋平公白了他一眼，不满地说："哪有臣子戏弄他的国君的？"

师旷眼睛看不见，说："盲臣哪里敢戏弄国君！我是听说，少年时喜欢学习，效果如同早晨的阳光；壮年时喜欢学习，效果好像正午的阳光；老年时喜欢学习，效果好像蜡烛发出的亮光。在烛光中行走与在昏暗中摸索，哪一个好呢？"

晋平公点头道："说得好！"

这是我国传统历史中活到老、学到老的故事。假如将目光转回现在，会发现这样的故事更多。

安藤百福——48 岁时发明了速食食品：方便面

"日清食品"的创业者安藤百福发明了世界最早且最为大众所欢迎的速食食品。1956 年他任理事长的信用合作社倒闭，身无分文。他于第二年开始开发速食食品。61 岁时又进一步发明了世界最早的速食"杯面"，即现在的碗装泡面。"杯面"的发明被媒体称为世界上对人类社会最伟大最有贡献的发明之一。

辰野金吾——61 岁时建成了东京火车站

从辰野金吾时期开始，日本的建筑终于摆脱了明治时期以来一直仿袭欧美的建筑风格。生于佐贺县的辰野以第一名的成绩毕业于工部大学建筑系，之后留学英国。其代表作品东京火车站竣工于 1914 年，辰野时值 61 岁。该建筑充分体现了日本砖瓦建筑结构所特有的明快感。

大山康晴——63 岁获围棋名人战的挑战权

大多数围棋手即使在青年时代被称为天才，也会在四五十岁后能力减弱，让位于后辈，这就是围棋世界的生存法则。像大山在 50 岁以后还位居围棋最高段的则很少见。大山康晴直至 69 岁去世的 45 年间，一直位居最高段。他在 63 岁时，还获得名人战的挑战权。

田中久重——75 岁创建田中制作所（后来的东芝公司）

在江户时代已达到登峰造极的提线木偶技术支撑起了近代日本的制造业。田中久重是通晓其制作原理的技术人才，在幼年时所制作的提线木偶曾令大人们都惊讶不已。20 多岁时创造的"弓曳童子"机关人偶被后世视为江户时代机关人偶的登峰造极之作。除了机关人偶之外，田中久重还有许多诸如怀中烛台、无尽灯、万年自鸣钟等匠心独具的创意发明，后来来到京都，学习机械制造学和天文学，参与了蒸汽机械、船舶、枪炮的制造和研发。明治维新后以 75 岁高龄上京，在银座创立了田中制作所（东芝的前身）。

黑泽明——70 岁在戛纳电影节中获大奖

“世界的黑泽”在 20 世纪 60 年代初一度消沉，在 61 岁曾自杀未遂，很难想象他能东山再起。黑泽完全复出时已经 70 岁，并在第二年拍摄出在戛纳电影节上获大奖的《影子武士》。这之后直到 83 岁，期间都不乏佳作产生。

白川静——92 岁时出版个人作品集

白川静致力于中国文学研究，达到了痴迷程度。白川教授的白川研究室总是灯火通明到每晚的 11 点。白川曾说过：“学者 80 岁后才能成为真正的学者。”白川在 73 岁到 80 岁间编著出版了《字统》《字训》《字通》三部辞书。92 岁时《白川静作品集》副卷才开始发行。

可见，年龄并不能成为阻碍学习的理由，相反，真正的情况很可能是，当经验和知识不断积累到一定时候，个人的创造力会产生再一次的爆发，这也是为什么众多大师都在晚年取得突破性成就的重要原因。

第三章

做人乃一切之本

有德之人不孤单

原典

子曰："德不孤，必有邻。"

意译

孔子说："有德行的人是不会孤立的，必然会有志同道合之人与你亲近，就好像居住在有亲邻的地方一样。"

处世智慧

德性是具有磁性的，久而久之，有德之人的周围就会聚足人气，而且芳名远播，形成无形而又无价的人格魅力、个人品牌，这才是成功的最大助力。

大家熟知的武王伐纣中的纣王是殷朝最后一代君王，尤其以残暴闻名。

纣为了个人享乐，役使成千上万的奴隶，花了7年的工夫，在京城造了一座鹿台。这座鹿台长达3里，高有千尺，登上鹿台眺望，云雨好像在它下面。在鹿台四周，纣命人盖了许多园苑，把许多珍禽怪兽都搜罗在里面。接着纣王在鹿台上又建了一座高大的摘星楼。他和美女们在楼上饮酒宴乐，朝朝笙歌，暮暮曼舞。后来人们把这块地方称为“朝歌（今河南淇县)”，以表示此地朝夕歌舞不停。

仅史籍上记载的纣王的各种荒淫暴虐行为，就达到 70 项。纣王为了镇压人民的反抗，打造了许多残酷的刑具。其中有一种叫炮烙的刑具，把带格的铜柱，横放在通红的炭火上，叫犯罪的人光着脚在上面行走，走不几步，人就摔落下来，掉在炭火里活活烧死。朝歌西边有一座巍峨的尖山，尖山脚下淌过一道清澈的泉水。有一天纣和他的妃子坐在摘星楼上饮酒，远远望见一老一少在涉渡溪水。老人行动缓慢，而小孩很快就走过了溪水。妃子对纣王说：“小孩骨髓正在兴旺，不怕冷。老人骨髓空虚，所以怕水冷。”纣王不信，竟命人立刻把这无辜的老小抓来，用斧子砸断他们的腿骨，验证妃子的话是否对。为了记住纣王的这一暴行，人们把这条溪水取名为“折胫河”。

由于纣王暴虐无道，朝廷中的一些大臣都逃跑了，一本叫《太公金匮》的古书上说：“太师少师抱其家器乐器奔周，内史向挚载其图法亦奔周。”这些大臣基本上都逃到了一个叫“周”的地方，也就是周武王的国家。周开始是一个附属于殷的西方小国，位置在今天陕西省的渭水流域，乘着殷朝的政治混乱，周逐渐强大起来，在周文王和武王两代的治理下，实力越来越雄厚。周武王善于用人，在他周围聚集了许多有才能的人，如姜尚、周公旦、召公夷等，周武王靠着这些人，将国家治理得愈加繁荣强大。

与“德不孤，必有邻”相对，丧失德行之人，也必将众叛亲离。周武王看到灭商的时机已到，就联合八百诸侯在盟津（今河南孟县）会师，同时还联络了今湖北、陕西、山西一带山区的八个少数民族，一起伐纣。历史上记载，周武王的大军在一天夜里到达盟津南的黄河渡口时，夜明如昼，八百诸侯都兴奋地高歌猛进。

当周武王大军直逼朝歌的时候，纣王仍然花天酒地，醉生梦死。他毫无准备，军队都开到东方打仗去了，一时抽不回来，只得临时把70万奴隶都放出来，编成军队，前去抵挡。但这些奴隶早受够了殷纣王的暴政，因此当这支奴隶大军刚一和周军接触，便马上掉转矛头，倒戈奔向自己一方的将领。周军乘势大败纣王军队，殷纣王只得在少数卫士的保护下，狼狈逃回朝歌。纣王奔回朝歌以后，知道大势已去，昏昏沉沉地登上鹿台，把平时搜罗来的珍宝都堆到身旁，一共围了5层，然后点起一把火自焚了。

当周兵攻进殷都时，鹿台已经被熊熊大火烧成了灰烬，只有纣王的尸体由于有珍宝的包围，还没有成灰。周武王驱车赶到鹿台前，按照当时的习惯，对着殷纣的尸体连射三箭；又跳下车来，用宝剑刺穿纣王的尸体；然后用黄铜大斧砍下他的头，高悬在一面大白旗的顶上，向人民示众。以示这个万恶不赦的暴君终于得到了应有的惩罚。

德行所指，人心所向，自古以来都是如此。

言行合一乃君子之德

原典

子曰：“君子耻其言而过其行。”

子贡问君子。子曰：“先行其言而后从之。”

子曰：“古者言之不出，耻躬之不逮也。”

意译

孔子说：“君子以说得多、做得少为耻。”

子贡问孔子什么是君子。孔子说：“先把要说的话做了，然后再讲出来。”

孔子说：“古人不轻易发表言论，因为他们以自己的实际行动跟不上为耻辱。”

处世智慧

以上三则表达的都是谨言慎行、言行合一的意思。同样的意思在《论语》中反复出现，足以说明孔子对一个人言行如一的重视。

古代有一则故事，说的是有个商人在广东办了一批货，取水路贩往外地，不想遇到狂风暴雨，将他打入水中。商人在浪里大喊救命，并许诺谁救起他就给谁 100 两银子。渔夫把商人救到船上，商人拿出 10 两银子送给渔夫说：“拿去吧，这顶你辛苦半年的工钱了。”渔夫说：“你刚才说要给我100两银子的呀！如你不许诺给 100 两银子，我也会救你；但你既然说给一百两，就不该失信。”商人不再理会渔夫，走了。

一年后，商人又办了批货，碰巧在河中与渔夫的船又相遇，两人还未来得及对话，商人的船触礁并很快进水下沉，商人对渔夫大喊：“快救我，这次我给 300 两，保证不失信！”渔夫不再理睬他，回头说：“去喊信得过你的人来救你吧！”很快，商人随着船在滔滔河水中消失了。

商人因为说到没做到，言行不一，失信于人，最后被洪水夺走了生命。故事虽不乏夸张，却生动地道出了失言失行者的下场。日常生活中，言行合一、多做少说一般都会给人认真踏实、勤勉肯干的积极形象，比起夸夸其谈、华而不实者更容易被人信任，被授予机会。因此在工作生活以及人与人的交往中，敏于行而慎于言都不失为一种有效的交往方式。而在商业社会，对于商家而言，言行合一最重要的体现就在于宣传的可信，零添加就一定是零添加，纯手工就肯定是纯手工，而不是高喊着“假一赔十”“包修三年”等光鲜的口号招徕顾客。为商者，归根结底，只有不夸大、不虚浮，商品质量确如其言，才可能赢得消费者真心实意的信赖。凯萨琳烤面包的成功就是这样一个例子。

凯萨琳原是一个家庭主妇，因为自己烤的面包非常有特色，所以想尝试开一家面包店。她知道面包色、香、味的留存，不仅仅是烤的技术问题，烤好之后到食用时的时间间隔也很重要，所以新鲜度不可忽视。因此，她决定让自己的面包以新鲜度取胜，她要告诉顾客，她自己的面包是“最新鲜的食品”，为取信于顾客，她还特地在包装上注明制造日期，承诺决不出售超过三天的面包。

新产品上市，销路不会马上就好。严格执行三天期限的承诺非常困难，显然也给各经销商店带来不小的麻烦。虽然面包可以定期收回，但是每天检查过期的面包、换来调去，实在麻烦，因此有些商店宁愿直接出售过期的面包。有的零售商还抱怨凯萨琳太过认真，面包超过三天期限也可以食用，何必斤斤计较？

凯萨琳却不这样想，她坚持认为吃的东西最重要的就是保持新鲜度。只有得到消费者的认可，自己的面包才会有市场。为解决经销商的麻烦，凯瑟琳实施一套新措施。公司派人用面包车逐个为经销商送货，按地区三天送货一次，同时收回到期面包。如果面包提前销售一空，公司马上送货上门。就这样，凯萨琳麻烦自己，方便销售，使自己不出售超过三天的面包的原则坚持下来。正是因为凯萨琳的坚持，她的面包逐渐获得消费者的信赖，也赢得一次天赐良机。

一年秋天，一场水灾使得粮食紧缺，面包也供不应求，但凯萨琳的送货员仍坚持不出售超过三天的面包。一位送货员开车从几个偏远的商店收回超过时限的面包，回来途中，却被一帮抢购面包的人团团围住。人群要求购买面包，送货员却坚守公司制度不肯出售，一群人就这样争执不下，其中也包括几名记者。有人说送货员有私心，想把面包据为已有。送货员诚恳地解释：“不是我有私心，实在是制度太严格，老板不许出售过期面包。如果老板知道我把它卖给你们，会开除我……”后来，有人想出办法，让这些需要面包的人“强买”，送货员做出阻拦的样子，记者拍下这精彩的一幕，不就可以给老板交差吗？如法炮制，面包很快被哄抢一空。

之后，新闻记者也着力渲染，这则新闻轰动一时。由此，凯萨琳面包新鲜的形象便深深地刻在消费者的心里，赢得了广大消费市场。

可见，小至个人，大至企业，竭力保持言行一致都是让自己走得稳、走得远的不二法则。

人生有三戒

原典

孔子曰："君子有三戒：少之时，血气未定，戒之在色；及其壮也，血气方刚，戒之在斗；及其老也，血气既衰，戒之在得。"

意译

孔子说："君子处世有三种事情应引以为戒：年少的时候，血气还不成熟，要警惕贪恋美色；到了壮年时期，血气正盛，要警惕争斗好胜；等到了老年时期，血气已经衰退了，要警惕贪得无厌。"

处世智慧

这是孔子以过来人的身份对人从少年到老年一生中需要注意的问题作出的忠告，放在今天来看，仍不失借鉴意义。

少年时期正是长身体的时候，应警惕陷入卿卿我我的感情旋涡中。用当下的话讲，就是远离早恋。因为少年人虽身体发育趋于成熟，但心理、情感还有待成长，早恋者往往容易以恋爱为中心，情感为对方所牵制，一旦处理不当，必然会影响自己的生活学习。而且，青少年人生观、价值观还不稳定，恋爱中容易产生矛盾，在心理不成熟、脆弱且耐受能力差的情况下，容易在情感波折中受到伤害。有的青少年因早恋受挫而怀疑人生，给自己的感情生活投下阴影，甚至影响以后的婚姻生活。更有甚者，因一时兴致而不计行为后果，出现越轨行为后，又会羞于启齿、担惊受怕。诸如此类都会对以后的人生产生不良影响，其伴随的心理创伤很可能需要大量时间和精力去抚平。

少年时期，当是立志图强的最好时期，古今不少仁人志士，大多在少年时期就初露锋芒，展现出不同凡响的英雄行为。伟大的民主革命先驱孙中山先生，就是从一个善于思考、敢作敢为的少年成长起来的。

孙中山童年时代家境十分贫苦，6 岁时就随姐姐上山砍柴、下地割草、干农活，十分勤劳。可以说，他是和穷人孩子一起长大的。所以，他从很小的时候就体会到底层劳动人民所受到的封建压迫和种种不平等待遇。在他幼小的心田里常常溅起不满现实的浪花。他性格坚强，好打抱不平，在孩子们中有很高的威信。

孙中山少年时期曾在檀香山生活和学习 4 年多，这使这个正处成长期的小留学生开拓了胸怀和眼界，丰富了他的民主思想和科学知识，使他思想上发生了巨大变化。他的有些思想和行为，在当时的人们看来是十分不合理教的，打泥菩萨之事便是其中一例。当时，乡民们还没有反对迷信的觉悟，经常要去膜拜北帝庙中的木雕泥塑。出国回来的少年孙中山对此非常反感。他与同村的陆皓东、杨鹤龄等劝告乡民们“木偶无知，信奉无益”，不要相信世界上真有什么神仙能帮助穷人。见劝阻乡民没有效果，于是，他们商量好了去捣毁神像。他与陆皓东进入庙中，捣毁了神像，这在当时是需要极大勇气的。

壮年戒之在斗，进入壮年后，对人对事逐渐有了自己的看法，但实际上却是涉世未深，对事情的反应往往过激，情绪很容易失控，所以，孔子认为值此之时，一定要防止与人口角、与人争斗，以免酿成终身遗憾。

崔瑗是东汉时期著名的文学家和书法家，作为一个有志青年，他年纪轻轻就勤于思考、善于钻研，获得了父老乡亲的称赞。但崔瑗性格十分刚烈，他的哥哥崔璋被人杀了，崔瑗为给哥哥报仇，又亲手杀了凶手。按汉朝的法律，杀人是要偿命的，所以崔瑗只好更名改姓，亡命天涯，吃了很多苦，一直遇到大赦才回乡。他对自己的鲁莽行为很后悔，写了一篇告诫自己的铭文。因经常把铭文放在座位的右边，所以称为“座右铭”。“座右铭”是这样写的：

无道人之短，无说己之长。施人慎勿念，受施慎勿忘。世誉不足慕，惟仁为纪纲。隐心而后动，谤议庸何伤。无使名过实，守愚圣所臧。在涅贵不淄，暖暖内含光。柔弱生之徒，老氏诫刚强。行行鄙夫志，悠悠故难量。慎言节饮食，知足胜不详。行之苟有恒，久久自芬芳。

崔瑗的座右铭不仅是警示了自己，也是警示了后人。其教训是值得吸取的。

老年戒之在得，年事已高一定要保持晚节。有些人辛苦操劳了一辈子，在社会上赢得了很好的口碑，可临近盖棺论定的时候，却没有保持晚节，让人唏嘘不已。

社会上不少功成名就却不甘寂寞的老年人，凡出场、出席、出镜、出台，总有他们身影在；凡褒扬、授奖、表彰、上榜，总是他们当主角；凡聚会、团拜、联欢、饭局，总推他们坐到主座；凡检查、视察、剪彩、指导，总少不了老爷子临场……众星捧月，水涨船高，老当益壮，风头更健，实际上也不过是为了求一虚名。

人就是这样：没有钱的时候，物质欲望特别强烈；有了钱以后，权力欲望就会上升；而在官瘾、钱瘾都满足以后，求名的欲望就会浓厚得可怕。尤其人到晚年，更着重声名的满足。社会上有许多人年轻的时候勤奋敬业、踏实肯干，在工作上作出了很大贡献；中年时在领导岗位上任职多年，一身正气、两袖清风；临近退休却在权与钱上栽了跟头，这通常是没有戒贪戒得的缘故。媒体上常常提到的59岁现象，临退休前一年在钱与权上翻跟头的，大多属于此类，不由令人唏嘘。

著名作家柳青曾经说过：“人生的道路虽然漫长，但紧要处常常只有几步。”这几步中的关键，两千多年前孔老夫子已然点明，后人该铭记才是。

以义相伴走天下

原典

子曰："君子之于天下也，无适也，无莫也，义之与比。"

意译

孔子说："君子对于天下的人和事，没有一定如此，没有不可如此，只以正当合理作为标准。"

处世智慧

秦穆公派孟盟率军袭击郑国。秦军越过东周国向东行动时，被郑国商人弦高、蹇他发现了。

弦高和蹇他商量说："看秦军的势头，八成是打算袭击我们郑国。凡是要偷袭别人，一定是趁人没有防备。如果我们表示知道了他们的意图，他们一定不敢前进。"

于是，弦高便假托奉了郑国国君的命令，带着12头牛到秦军中去慰问。

秦军的三个将军互相商量道："大凡偷袭都是在别人不知道的情况下进行的，现在郑国已经发觉了，准备一定很充分，如果我们继续前进，不会取得任何成果。”便率大军往回返。半路上被晋国拦截，在崤山几乎全军覆没。

郑国国君知道事情的来龙去脉后，以保全国家的大功重赏弦高，被弦高拒绝了。他说：“因为欺骗而得到赏赐，郑国的信誉就会受损；要是国家没有了信誉，风气就败坏了。为了奖赏一个人而败坏国家的风气，讲仁德的人不会这样做；由于违背信誉而被奖励，重道义的人不会接受。”最后弦高带着他的伙计们迁居到东方边远夷人居住的地区，终身都没有回来。

君子处世以义为准则。弦高面前摆着两样东西，一样是利益——国家对他的酬谢；一样是道义——国家的风气。二者格格不入，因为他是凭着欺诈立的功，如果他接受赏赐，就意味着国家赞许不道德的行为，这实际上是为国民树立一个坏榜样，所以，弦高拒绝了利益，远走他乡，把自己像个罪人似的流放了。

有德行的人不会因为私欲而伤害本性，有智慧的人不会因为私利而损害道义。春秋五霸之一的楚庄王曾行不义之事，但考虑到大局，最终还是改过，也正因此，最终成就了霸业。

陈国贵族夏征舒作乱，杀掉了国君陈灵公。楚国国君楚庄王率领诸侯军队讨伐乱臣，杀死了夏征舒，顺手把陈国也灭掉了，变成楚国的一个县。

楚国大夫申叔时出使齐国归来，报告完了情况马上就退下去。楚庄王叫住他，问：“我平息了陈国内乱，诸侯和楚国各县的大夫都来祝贺，唯独你一点表示也没有，怎么回事？”

申叔时说：“夏征舒杀了他的国君，大逆不道，国君您消灭他完全符合道义。然而我听说：‘有人牵着牛践踏别人家的田地，那家人不是赶他走，而是夺走他的牛。牵牛践踏人家的田地固然不对，但以此为理由夺去他的牛，更没有道理。’国君您号召诸侯出兵陈国时说的是讨伐有罪的夏征舒，可结果却是把陈国变成了楚国的一个县。如果别人说，楚国不过是以讨伐夏征舒为借口，实际上是贪图陈国的财富，不知道国君您如何辩白？”

“你说得很对。”楚庄王说，“我这就把土地还给陈国人。”

申叔时说：“我们已经做了小人了。但拿了人家的东西再还给他，总比不还好。”

在楚国的扶持下，陈国复国。

楚庄王心心念念着他国的土地，但也还掂量得出利益和道义哪个更重要。子曰：“君子怀德，小人怀土。君子怀刑，小人怀惠。”如果一个人一心只想着个人利益，是成不了大事的。

无欲乃刚

原典

子曰："吾未见刚者。"或对曰："申枨。"子曰："枨也欲，焉得刚？"

意译

孔子说："我还没有见过一个真正刚毅不屈的人。"有人回答说："申枨就是这样的人。"孔子说："申枨这个人的欲望太多，怎么能做到刚毅不屈呢？"

处世智慧

人生而有欲，天经地义。但只能有正当之欲，且应加以节制。林则徐曾经说过："海纳百川，有容乃大；壁立千仞，无欲则刚。"林则徐在禁毒时不畏凶险，把一切都置之度外。如果顾虑自己的身家性命，他是不可能完成禁毒大业的。

《史记》上说："欲而不知止，失其所以欲；有而不知足，失其所以有。"寡欲，才能胸怀宽广、乐观旷达。

春秋时晋国的大夫祁奚，可以称得上无欲则刚的典范。

祁奚，字黄羊，春秋时期晋国大夫，历经晋国景、厉、悼、平四世，可谓四朝元老。悼公继位后，立祁奚为中军尉。平公时，复起为公族大夫。祁奚在位约60年，忠公体国，急公好义，誉满朝野，深受人们爱戴。

祁奚因年事已高，向晋悼公请求告老退休。晋悼公问祁奚：“你退休以后，谁接任你的职务较为合适呢？”

祁奚回答说：“解狐这个人可以。”晋悼公大惑不解，问道：“解狐不是跟你有仇吗？”祁奚说：“君问我谁适合担任中军尉，并非问谁是我的仇人。”

晋悼公正准备立解狐为中军尉，解狐却死了。晋悼公又征求祁奚的意见，祁奚回答说：“祁午可以任中军尉。”晋悼公见祁奚推荐祁午，于是问道：“祁午不是你的儿子吗？”祁奚回答说：“君问谁适合担任中军尉，并非问谁是我的儿子。”

祁奚在推荐继任者的问题上，外举不避仇，内举不避亲，历来为人们所称道。

后来的事实证明，祁奚的举荐确实具有独到的眼光。祁午担任中军尉后，“好学而不戏，守业而不淫，柔惠小物而镇定大事，有质直而无流心”“军无秕政”，的确是中军尉的合格人选。

祁奚以大公无私赢得朝野内外的赞誉，他的言行也随之成为衡量是非曲直的标准。

祁奚退休以后，晋国大臣范宣子审查一个叛乱案件时，抓了一个叫叔向的大臣。叔向的弟弟参与了叛乱，叔向却不是同党。

叔向有可能以叛乱罪问斩，他却一点儿也不畏惧，他说：“祁大夫外举不弃仇，内举不失亲，难道就只不管我的事吗？”

祁奚听说后，就去找范宣子，请求范宣子赦免叔向。他对范宣子说，叔向惠而有谋，是国家栋梁之才，以其弟之故而杀之，是弃国家社稷于不顾，这样做，是非常愚蠢的。范宣子听了祁奚的话，就赦免了叔向。

祁奚见目的已经达成，就准备回去。随从说，你这次专为叔向的事而来，已经办成了，你不去见一下叔向吗？祁奚认为自己救叔向是出于公心而非私谊，所以就没有见叔向而直接回家了。

叔向的一个部下准备去向祁奚道谢，叔向劝他不要去，但那个部下还是执意去了。

祁奚说："我救叔向，不是为了他那条命，而是为了公家，我无恩于你们，你们也没有必要谢我。"

祁奚正是因为断绝私欲，才能公事公办，成就刚正美名。另一个刚正不阿、光明磊落的例子是大书法家颜真卿。

安史之乱后，唐朝由盛而衰，各地节度使乘机割据地盘，对抗中央。唐德宗建中四年（公元 783 年），淮西节度使李希烈等五个藩镇同时叛乱。李希烈自称天下兵马大元帅，率领叛军步步紧逼。朝廷大为震惊，决定派人去劝降，但因为太危险，一时找不到合适的人选。当时的宰相卢杞跟颜真卿不和，便公报私仇，极力向唐德宗推荐颜真卿。颜真卿当时已经是 80 岁的老人，接到皇帝圣旨，不敢懈怠，于是不顾年老体弱，仅带几个侍从就慷慨前往叛军驻地。

颜真卿刚到那里展开劝服工作，李希烈的养子就带领部将，拿着明晃晃的尖刀，威胁他住口。颜真卿视他们如无物，只是冷冷一笑，毫无惧色。李希烈假惺惺地护住颜真卿，然后把他送回驿馆，企图慢慢软化他，利用颜真卿来实现自己的称帝梦。

几天之后，李希烈宴请其他四个叛镇派来的使者，他们是来劝李希烈称帝的。李希烈也请颜真卿参加。叛镇使者一见颜真卿，都向李希烈祝贺道："早就听说颜太师德高望重，现在元帅将要即位称帝，正好太师来到，不是现成的宰相吗？"颜真卿大怒，愤然道："什么宰相不宰相！我已经快80岁，要杀要剐都不怕，难道会受你们的诱惑，怕你们的威胁吗？"四个使者被颜真卿凛然的神色吓住，缩着脖子说不出话来。

李希烈看颜真卿不好对付，就把他关起来。第二年，李希烈称帝，又派部将威逼颜真卿投降。他们架起柴火，浇足油，威胁颜真卿："再不投降，就把你放在火里烧！"颜真卿二话没说，就纵身往柴火跳去，被人拉住。李希烈见他宁死不屈，不肯被自己利用，不久，便将他杀害。

颜真卿遇难的消息传到朝廷，文武百官无不哀叹惋惜，对他的临危受命、大义凛然和忠贞不屈的精神深为敬佩。字如其人，颜真卿楷书端正厚重、遒劲有力，至今仍为一代又一代书法爱好者的临摹对象。

己所不欲，勿施于人

原典

子贡问曰:“有一言而可以终身行之者乎？”子曰:“其恕乎！己所不欲，勿施于人。”

意译

子贡问孔子：“有没有一个字可以让人终身奉行呢？”孔子回答说:“那大概就是‘恕’吧！自己不愿意做的事情，也不要强加于别人。”

处世智慧

君子应有仁德之心，表现在待人接物上，最重要的就是“己所不欲，勿施于人”。

在中国历史上，唐太宗就是一个奉行“己所不欲，勿施于人”的明君。贞观初年（公元627年），太宗便明确说出自己的君道观念：“朕经常思谋，个人祸患，常非身外之物所致，而是因为人的欲望害了自己。倘若贪于佳肴美味，沉醉歌舞美女，被欲望所带动，国家便会因此废墟，百姓也会大受侵扰。”

贞观二年（公元628年）夏天，太宗住在低矮潮湿的皇宫里，大臣都劝告他改建。太宗摇头说："朕富有四海，处理事情都应设身处地。扩建宫殿屋宇，游览观赏池台，老百姓都不会希望的。己所不欲，勿施于人。劳苦疲惫之事，怎能强加给百姓呢？"

唐太宗如此严格要求自己，各级官吏因此上行下效、劝谨奉公，王公贵族乃至大姓富豪也不敢胡作非为、盘剥细民，人人衣着朴素，民风俭朴。如此数年后，人民不再遇到盗贼，牢房常空空荡荡。从长安到镇南，自山东到东海，都不必担心路上饥荒。史书记载，贞观之社会繁荣稳定到这样的程度，是历史上前所未有的。

相反，背弃忠恕之道，一味专营，最后搬起石头砸自己的脚的例子也不在少数，唐代酷吏周兴就是自作自受的最好注脚。

武则天登上宝座后，担心许多大臣反对自己，她为除掉这些人，稳固帝位，下令开全国告密之风气。于是，来自全国各地的告密资料如雪片般飞来，这些资料总要有人审查，这样就出现许多残酷的官吏。他们个个残忍，往往不分青红皂白，严刑逼供。犯人招架不住，便胡乱招一些假口供，害死不少人。这些官吏之中，最残酷的就是周兴和来俊臣两个。他们手下养有几百个流氓，专门告密。只要他们认为谁有谋反嫌疑，就派人同时在几个地方告密，并且捏造证据。有个正直的大臣对武则天说，现在下面告发的谋反案件大多是冤假错案，还有人阴谋离间陛下和大臣的关系，不可以不慎重。但是，武则天听不进这种劝告，告密风气越来越盛。就连武则天的亲信，也有被人告发谋反而被杀掉的。

有一天，武则天接到告密信，说周兴跟已经处死的某案犯同谋。武则天大吃一惊，立刻下密旨给来俊臣，让他负责这个案件。说来也巧，密旨送达的时候，来俊臣正跟周兴在一起，边吃酒，边议论案件。看完密旨后，来俊臣有些头疼，他知道周兴的为人，是不会轻易招供的。于是，来俊臣不动声色地把密旨放起来，仍然笑着对周兴说："最近抓住一批犯人，大多不肯老实交代，您看怎么办呢？"周兴拈着胡须，奸笑着说："这还不容易，我最近就想出一个新办法，拿一个大瓮放在炭火上。谁不肯招认，就把他放在大瓮里烤，还怕他不招？"来俊臣听后，连连称赞说："好办法，好办法。"他一面说，一面叫公差去搬一口大瓮和一盆炭火到大厅来，把瓮放在火盆上。盆里炭火熊熊，整个大厅的人都禁不住流汗。

周兴正在奇怪，来俊臣站起来，拉长脸说："接皇上密旨，有人告发周兄谋反。你如果不老实招供，只好把你请进这个大瓮。"此时的周兴方知中计，悔之晚矣，只好乖乖招供。据其口供，理应死罪，可是武则天想，周兴毕竟为她出过不少力，再说他是不是真的谋反，令人怀疑，所以就赦免周兴的死罪，把他革职流放到岭南去。但是周兴作恶多端，在流放路上就被人暗杀了。

因为武则天的信任，来俊臣胃口愈来愈大，想独掌朝廷大权。他嫌武则天的侄子武三思和女儿太平公主实力大，索性告到他们的头上。可是这次他没能得逞，反对他的人愈来愈多，武则天只好下令将其处死。就这样，两个蓄意害人的人，终究以害自己的结果而告终。

与人交往，最重要的莫过于"忠""恕"二字。"忠"则能得到朋友的信任，"恕"则能处理好与朋友的矛盾、过失。如何贯彻"忠""恕"二字，行事之前还需要常常扪心自问是否做到了"己所不欲，勿施于人"。

懂得自我约束的人少犯错误

原典

子曰："以约失之者鲜矣！"

意译

孔子说："因为严于律己而犯过失的人是很少的。"

处世智慧

宋代理学家朱熹讲："君子慎其独，非特显明之处是如此，虽至微至隐，人所不知之地，亦常慎之。小处如此，大处亦如此，显明处如此，隐微处亦如此。表里内外，粗精隐显，无不慎之。"换做现代的话讲，就是自律。孔子认为，普通人决心身体力行，实践圣贤之道，虽然行动上能够坚持，心中却仍然有所放纵，导致行为也会出现偏差。如果能收敛自己的心绪，约束自己的思想，每件事都从念头开始严守规矩，怎么会出现差失呢。在身心上做到省约，不做放逸之事、非礼之事，就不会败坏道德而失去志向；在用度上做到省约，不做奢侈无益之事，就不会劳神伤财，所以过失自然会减少。

袁聿修是南北朝时期的北齐临漳（今河北临漳）人。他少年老成，性格沉静，很有见识。据说，他 9 岁时就做了州主簿，18 岁时就做了州中正，兼尚书度支郎中，后来又升为博陵太守，且政绩突出，很有声望。他之所以政绩突出又很有声望，主要原因是他能够为官清白自守，从不收任何贿赂。

据说他在做尚书郎的十多年里，从未曾接受过任何人家的一升酒喝。因此，在他的官地有不少文人联名为他立碑表彰，并送他一个雅号——“清郎”。当然，“清郎”也有为难的时候。有一次，袁聿修到外地考察地主官吏途经兖州。兖州刺史正是他的老朋友邢邵。二人叙述别情以后，邢邵拿出一匹白绸想送袁聿修作为纪念。

这就叫袁聿修为难了。不收，怕得罪老朋友；收，又怕留下什么不必要的嫌疑。但反复思索之后，袁聿修还是谢绝了，并留书曰：“我这次路过这里，与往常不同呀！瓜田李下，古人是很谨慎的。我们不能忘记古人说过的走在瓜地里不要弯腰提鞋子，走在李树下不要伸手整帽子的话。只有这样，才能躲避嫌疑。你的心意我领了。白绸不能收，不能留下不好的话柄。”邢邵很理解袁聿修的心思，就没有再勉强他。

比起袁聿修来，唐朝皇帝唐文宗就没这么明智了。

唐朝唐文宗时，有个叫郭宁的官员把两个女儿送进宫中，随后皇帝就派郭宁到邮宁（现陕西邮县）做官，人们对这件事议论纷纷。

皇帝就以这件事来问柳公权：“郭宁是太皇太后的继父，官封大将军，当官以来没有什么过失，现在只让他当邮宁这个小小地方的主官，又有什么不妥呢？”柳公权说：“按照郭宁的贡献和功绩来说，派他到邮宁去当主官，原本是合理合情，没什么好争议的，可是议论的人都以为郭宁是因为进献两个女儿入宫，才得到这个官职的。”唐文宗说：“郭宁的两个女儿是进宫陪太后的，并不是献给朕的。”柳公权回答：“瓜田李下的嫌疑，人们哪能都分辨得清呢？”

所谓约者束也，内束其心，外束其身。身上的毛病过失就好比树干、树枝和树叶，而心上的毛病过失则是树根。出了问题从身上改，能够改正某一个问题，却不能改正一类问题。只有从心上改，彻底转变了心中的念头，才能杜绝类似错误的再次出现。

君子勇于承认过失

原典

子曰："过而不改，是谓过矣。"

子贡曰："君子之过也，如日月之食焉。过也人皆见之，更也人皆仰之。"

意译

孔子说："有了过错而不改正，这才是真正的过错啊。"

子贡说："君子的过错好比日食、月食。他所犯的过错，人们都看得见；他改正过错，人们都敬仰。"

处世智慧

俗语说，"人非圣贤，孰能无过"，一个人总是在这样或那样的错误中成长起来的，也在错误中变得更完美。孔子曾对弟子说："我孔丘算是有幸，一旦有了过错，人家一定会知道。"这种闻过则喜，听到别人指出自己的缺点、错误就高兴的心态，就是孔子对待过错的基本态度。所以孔子才会说，有了过错而不改正，这才是真正的过错。言下之意，有过即改，过错也就算不得什么过错了。孔子对待错误的态度，不是紧紧抓住错误不放，而是希望人们将重心放在改过之上。

古时候有一个十分懒惰的人，每天都依靠偷鸡摸狗来维持生计。有个好心的邻居就劝告他："你到处偷人东西，闹得人家鸡犬不宁,这可不是好人的行为啊。"那人听了,想了想说："那么，从今天开始我就少偷一点，每天一次改成一个月一次，等到明年我就不干了。"邻居听他这样说，摇了摇头，说："你明明知道这样做是错误的，就应该马上停止，为什么还要等到明年呢？而且还以为减少数量就能减少自己的错误吗？你的恶习看来是改不掉了！"

既然都知道自己做错了，就应该马上改过来，而不是存心去找推脱的理由，所谓"过则勿惮改""过而不改，是谓过矣"就是这个意思。无论是个人、组织，还是国家，其成长强大都是通过不断的纠错而实现的。

楚文王自从得到一种名叫茹黄的猎狗和系着丝绳的短箭，便跑到云梦一带去打猎，三个月不归；自从得到丹阳的女子，便沉溺于美色，一年不上朝听政。

当时的太保姓申，人们叫他太保申。他去见楚文王说："先王曾经占卜，任用臣为太保将会带来吉利。如今大王得到猎狗和短箭，到外面去打猎三个月不回来；得到了丹阳女子，纵情美色，一年都不上朝。大王的罪名应该受到笞刑的惩罚。"

笞刑就是用鞭子或者棍子击打。

楚文王说："我从离开襁褓就位列于诸侯，请您换一种刑罚吧，不要让我受笞刑。"

太保申说："臣继承先王的法令不敢违背。大王如果不受到笞刑，就是改变先王法令。臣宁可得罪大王，也不敢得罪先王。"

楚文王只好同意。

于是，太保申把席子拉过来，请楚王趴在上面。他把50根荆条捆成一束，跪下身子，把荆条放到楚王的背上，接着又重复了一次，然后对楚文王说："起来吧！"

楚文王说："既然我已经背上了笞刑的名声，你就动手打吧！"

太保申说："臣听说，对君子要让他感到心灵的耻辱，对小人要让他感到皮肉的疼痛。如果耻辱仍旧不能使他改正，疼痛又能带来什么益处？"说完，就大步出宫了，把自己流放到深渊之畔，并请楚文王治他的死罪。

楚文王说："这本是我的过错，太保申何罪之有？"于是，楚文王改正了错误，召回太保申，杀了猎狗，折断短箭，放还丹阳之女。后来楚国兼并了39个小国，迅速发展成一流强国。

改过，是成长的阶梯，同时更是破除灾祸的良方。

宋国发生了大水灾。鲁国国君派出使者前往慰问。

使者见到宋国国君，转达鲁君的话说："天连续降下大雨，危害庄稼生长。大水漫灌，很多地方都遭了灾，您为此忧心忡忡，敝国国君特派臣来慰问。"

宋君说："看来我缺乏仁爱之德，对自己的约束不够，没有按照农时节令督促民众劳作。于是上天降下灾难，以示警告。还给贵国君主增添了忧虑，也给使者您带来了劳累。"

孔子听到这件事说："宋国这下差不多有希望了！"

弟子问："为什么这么说？"

孔子说："从前夏朝的桀帝，商朝的纣王，根本不承认自己的过错，结果在很短的时间里——似乎一瞬间就灭亡了。商汤王和周文王不同，他们正视自己的过错并承担责任，结果在很短的时间里——似乎一瞬间就兴盛起来了。”

孔子的话传到了宋国，宋君早起晚睡，吊唁死者，看望病人，励精图治，3 年之后，宋国出现了经济发展、政治清明的景象。

宋国作为春秋时期的一个小国，如果不能团结一致、发展经济，早晚会成为大国的鱼肉，正是由于宋国国君及时承担错误，励精图治，才使得宋国在风云际会的春秋战国留有一席之地。

唐太宗李世民常说："以铸铜做镜子，可以用它照着自己，整理好衣冠；以过去各朝各代的历史做镜子，可以从中看到盛衰的接替；以别人做镜子，可以知道自己的长处和短处。”可见，自省改过无论对个人还是国家都是一样重要啊！

第四章

察人交友的智慧

花言巧语之人要不得

原典

子曰："巧言令色，鲜矣仁。"

子曰："巧言令色，足恭，左丘明耻之，丘亦耻之。匿怨而友其人，左丘明耻之，丘亦耻之。"

意译

孔子说："花言巧语，装出和颜悦色的样子，这种人很少有仁德。"

孔子说："花言巧语、满面伪善、过分恭顺，左丘明认为这种人是可耻的，我也以此为耻。把怨恨深藏内心，表面上却装出友好的样子，左丘明认为这是卑劣无耻的行为，我也认为这样是可耻的。"

处世智慧

话说得很动听，脸色装得很讨人喜欢，态度过于恭敬，隐藏内心对朋友的怨恨，外表还称兄道弟，这种只注重表面形式而心里却不知在打什么算盘的人，不仅孔子讨厌，所有人都讨厌。

三国魏明帝时有个叫刘晔的大臣，当时魏明帝曹叡想进攻蜀汉，群臣都认为不可行。曹叡询问刘晔的意见，他就顺着曹叡的心意，说伐蜀可行，但私下又对其他人说不可行。

中领军杨暨也是曹叡的亲近大臣，他坚定反对伐蜀。刘晔每次遇到杨暨，都投其所好，大谈不可伐蜀的道理。有一次，杨暨又劝谏曹叡打消伐蜀的念头，曹叡一急，脱口而出说："卿不过是一名书生，哪懂带兵打仗的道理！"杨暨不服气，说："臣也许不行，但刘晔是先帝的谋臣，他也说不可伐蜀。"曹叡一愣，招来刘晔当场对质，但刘晔坚持不肯表态。

后来，刘晔单独去见曹叡说："伐国，大谋也，臣得与闻大谋，常恐眯梦漏泄以益臣罪，焉敢向人言之？夫兵，诡道也，军事未发，不厌其密也。陛下显然露之，臣恐敌国已闻之矣。"刘晔解释是担心军情泄漏才不说出自己的心意，曹叡听说如此，赶忙向刘晔道谢。

刘晔又跟杨暨说："夫钓者中大鱼，则纵而随之，须可制而后牵，则无不得也。人主之威，岂徒大鱼而已！子诚直臣，然计不足采，不可不精思也。"刘晔跟杨暨说的是"放长线钓大鱼"的道理，责备杨暨虽然正直却没有谋略，这番话也说得杨暨频频点头。

然而，尽管刘晔"巧言令色"至此，但还是有讨厌他的人向曹叡报告："刘晔不忠，每次都揣摩陛下的心意而曲意迎合。陛下如果故意透露与自己心意相反的讯息给他，他回答的与陛下不同，才表示他与陛下的想法一致。否则他就是趋合上意。"曹叡就这样试了一下，刘晔果然露出马脚，从此曹叡就疏远了刘晔。

裴松之在《三国志·刘晔传》里注说："谚曰：'巧诈不如

拙诚’，信矣！”意思是，为人处世，还是“宁拙勿巧，宁朴勿华”来得实在些。

孔子思想的核心是仁，仁者应当真诚地待人与处世。孔子把“巧言令色”看作极为不仁的表现，认为这是一种为达到某种不可告人的目的，而对别人假心假意地奉承谄媚，骗取人们的信任的可鄙做法。儒家一贯崇尚质朴真挚，反对花言巧语；主张说话应谨慎小心，说到做到，先做后说，反对心口不一、言行不一，空谈浮言，虚假瞒骗。

人人都不喜欢被欺瞒哄骗，这就要求我们自己首先虚怀若谷、明辨是非，而不是偏听偏信、固执己见。

古代夏王朝第14代王孔甲，喜神好鬼，荒淫奢侈，怠于政事。有一天，他与臣子在大河边游玩，河里有两个庞大的怪物爬上岸。孔甲吓了一跳，这时一个臣子献媚说：“国王莫怕，这是天上派下来的两条神龙，一雌一雄来辅佐您管理江山。”孔甲开始半信半疑，臣子赶忙解释：“国王，龙能飞、能游，可是在您面前，它觉得您是最尊贵的，所以不敢腾飞，只能在水里游。”孔甲听后十分高兴，也认为自己是最尊贵的人。于是，他命人将龙带回宫中，辅佐自己，作为镇国之宝。孔甲认为龙来帮助自己治理天下，天下定会长治久安。

孔甲传下命令，找人来驯养龙，并且悬赏重金。可是养龙谈何容易。谁也没见过龙，更何况还必须养好，否则就有可能丢掉性命。

一天天过去，仍然无人前来应征。正在孔甲坐立不安时，一个大臣向他禀报：“国王，刘累曾跟豢龙氏学过养龙术，他一定会养龙。”

孔甲喜出望外，立即召见刘累。刘累是尧的后裔，传说他向豢龙氏学过饲养龙的技艺。刘累来到宫中一看，就知是两条丑怪的大鳄鱼！但是孔甲深信这是两条神龙，刘累也不明言，便答应为国王养“龙”。孔甲听后十分高兴，赐刘累姓为御龙氏，并赏赐给刘累好多财物。刘累对孔甲说：“国王，龙乃神，不能怠慢，应该修个豪华的大水池，里边注满清水，而且每天要朝拜神龙，那样神龙就可以辅佐您的江山万代。”孔甲本来就迷信，这下更深信不疑，立即命人修建豪华大水池。水池之大、之豪华历史罕见。两条大鳄鱼被放入清水中，很快恢复了活力。孔甲立即命人摆上桌子，举行隆重的朝拜仪式。刘累也因此一步登天，红极一时。

刘累靠巧言令色过日子，心里很虚，整日提心吊胆，担心什么时候“东窗事发”，落得人财两空。可这一天还是很快到来了。

一天，孔甲突然心血来潮，对刘累说：“黄帝能乘龙舟神游天下，我养龙也是为了能坐上龙车，你既能养龙，也一定能驯龙，让我早日乘坐龙车像黄帝一样巡游天下。”

刘累一听，当时就傻了眼，吓出了一身冷汗，他根本不可能让两条鳄鱼驾车。但他又不敢违背孔甲的旨意，只好先回住处，再想办法。

更倒霉的是，当刘累回到水池边时，那条雌“龙”怒目圆睁，一动不动地浮在水面上。刘累知道鳄鱼死了，他一下瘫在地上，心想：“这下可全完了，不但自己性命难保，就连家人的性命也保不住了。”刘累坐在地上，忽然眼珠一转，计上心来。

第二天，刘累又去拜见孔甲，说要想让神龙驾车，乘龙车的人身体必须强壮，否则会折寿。东海出产的大鱼肉鲜味美，国王必须每天吃上一盘，才能补好身体，连吃数日就可乘坐龙车。另外神龙练习驾车时不能有人参观，否则神龙会发怒，不但国王无法乘龙车，反而会不利于江山社稷。

孔甲听后大喜，又赏给了刘累许多财物。第二天刘累就把雌鳄鱼带进厨房，从鳄鱼身上割下鳄鱼肉，把它做熟，亲自送给孔甲。第三天刘累又送上了一盘，在刘累周围的人都被刘累打发走了。第四天孔甲迟迟不见刘累的身影，心里十分着急，想亲自去看看刘累，但又怕惊扰了神龙练驾，只好耐心等待。又过了好几天，孔甲一直没有见到刘累的身影，他派人去问，才知道刘累已经跑了。

试想，若没有孔甲的原因，刘累也未必需要靠“巧言令色”过日子。所以，一方面，我们需要提防巧言令色之人；另一方面，也需要时时内省，唯有自己身正，阿谀奉承的小人才不易聚集到身边来。

好好先生不可深交

原典

子曰："乡原，德之贼也。"

子贡问曰："乡人皆好之，何如？"子曰："未可也。""乡人皆恶之，何如？"子曰："未可也。不如乡人之善者好之，其不善者恶之。"

意译

孔子说："好好先生，是道德的偷取者。"

子贡问孔子说："同乡的人们都称赞他，这个人怎么样？"孔子说："还不能肯定。"子贡又问孔子说："同乡的人们都憎恨他，这个人怎么样？"孔子说："这也不能肯定。这些都不如他同乡的人中有德望的人称赞他，有恶行的人憎恨他。"

处世智慧

每个人在发表自己的见解时，都希望得到赞同，面对自己的付出，也希望得到他人的肯定。好好先生可谓是抓住了这一普遍共性，所以常常被引为“知己”。殊不知，好好先生最深交不得。历史上最著名的好好先生，莫过于口蜜腹剑的李林甫了。

唐玄宗在当皇帝的初期，由于深感天下安定来之不易，必须好好珍惜，因此，任用了姚崇、宋瑕等一批贤臣，励精图治、勤俭治国，使唐王朝蓬勃发展起来，形成了中国历史上有名的太平盛世，即“开元之治”。

可是到了开元末年，随着年纪的增长，唐玄宗看到天下太平，百姓丰衣足食，就慢慢失去了当初那种勃勃向上的精神，而沦入安逸享乐之中。他对自己已取得的成绩十分满足，不再注意用人时还分贤佞忠奸，只听得进奉承顺耳的话，却受不了批评直谏。由此，奸臣便猖獗起来，忠臣受到排挤打击，朝政开始走下坡路。奸相李林甫就是这个时候起家的。李林甫这个人特别善于奉承拍马。他为人处世周到圆滑，成天乐滋滋的，说起话来甜言蜜语，正合别人心意，可心里时时处处在想办法坑害别人。时间一长，大家上过他的当，吃过他的亏，都知道他是个面善心狠的人，于是就用“口有蜜，腹有剑”的话来形容他。

唐玄宗那时宠爱的妃子是武惠妃，甚至想把她立为皇后。可是大臣们都极力反对，唐玄宗也就只好作罢。

李林甫抓住这个机会，就向武惠妃献殷勤，说：“当不上皇后都是大臣们作梗，看来是没办法了。但是皇妃，你放心，我一定要设法让你的儿子寿王当上太子。”一席话把武惠妃说得满心欢喜，武惠妃就不断在唐玄宗面前说李林甫的好话。这样一来，唐玄宗就更器重李林甫了，想把他提升为宰相。

唐玄宗把自己的想法说给老宰相张九龄听，想听听张九龄的意见。张九龄不仅很有才华，而且为人正直、处事公道。他早就看出李林甫心术不正，根本就不是做官的材料，更不能做宰相，就断然否决道：宰相可不是一般的官，那可是关系到国家前途安危的啊！李林甫这样的人怎么行呢？”

这话不久就传到了李林甫的耳朵里，他恨得咬牙切齿，时时想找机会报复张九龄。后来在提拔牛仙客和废太子的事上，李林甫附和唐玄宗，与张九龄唱对台戏，终于使皇帝冷落、疏远张九龄。

大臣们看出来唐玄宗宠信的是李林甫，又见张九龄、严挺之一个个都遭到排斥，就没有人敢再说话了。没有人在唐玄宗耳朵边嘀咕，李林甫更是一手遮天，做起坏事来毫无顾忌。

一次，唐玄宗想起了严挺之，就问李林甫：“严挺之现在怎么样了？他很有才干，还可以为我所用呢！”

李林甫心里很不高兴，但表面上却极其诚恳、认真，毕恭毕敬地说：“皇上既然还惦着他，让我去打听一下，再来禀告。”

退朝之后，李林甫派人找来严挺之的弟弟，对他说：“我知道你哥哥很想回京城。这个事好办，我有办法让他回来。”

严挺之的弟弟以为李林甫真在关心他哥哥，心里十分感激。李林甫却笑着说:“不用客气,我和你哥哥是老朋友了。你写封信，让你哥哥给皇上写个奏章，就说得了病，请求回京城治一治。”

严挺之接到弟弟的来信，真的照李林甫说的那样上了道奏章。李林甫接到奏章，就拿去给唐玄宗看，并说：“没想到严挺之年纪不大，就得了重病，干不成大事了。这样的人才，实在是可惜啊！”

唐玄宗叹口气，感到很惋惜，就把严挺之的信丢到了一边。

这件事充分暴露了李林甫口蜜腹剑的嘴脸，而唐玄宗却没有看清楚李林甫，就这样为唐王朝从此走向衰败埋下祸根，很快安史之乱就爆发了。

所以，要想看清楚一个人，不要只看表面，更重要的是审察其内在人品，这样才能少走弯路，结交到真正优秀的人。

察人不仅要听其言，更要观其行

原典

子曰："视其所以，观其所由，察其所安，人焉廋哉。人焉廋哉。"

子曰："始吾于人也，听其言而信其行。今吾于人也，听其言而观其行。于予与改是。"

意译

孔子说："看他的所作所为，考察他的经历，了解他的心理寄托，这个人还能隐藏到哪里去呢？这个人还能隐藏到哪里去呢？"

孔子又说："先前我对人，听了他的话便相信他的行为。现在我对待别人，听取他的话之外，还要观察他的行为。是宰予使我改变了。"

处世智慧

宰予是孔子的学生，每次在课堂上能够认真听讲，积极发言，在孔子看来，是一个品学兼优的好学生。

一次，孔子去学生寝室检查，发现有学生从课堂上溜出来睡懒觉，孔子大为生气，他把这个学生从被窝里叫起来，没想到却是宰予，一个在孔子看来很有前途的学生。

孔子气愤地说："起初我对于人，是听了他说的话便相信了他的行为；现在我对于人，听了他讲的话还要观察他的行为。在宰予这里我改变了观察人的方法。"并说宰予是"腐朽的木头无法雕刻"。

宰予的表现让孔子改变了"听其言而信其行"的待人态度，总结出了品评一个人要"听其言而观其行"才是最有效的方法。

要看清周围的人不容易，但总体上多看其行动，少听其言谈是可行的。

西汉时期的汉文帝，是一代明君，历史上著名的"文景之治"，就是从他开始的。汉文帝作为一个明君，在如何观察人和任用人上，也给我们做出了典范。

有一次，汉文帝带着一班大臣到上林苑打猎游玩，见奇珍异兽，应有尽有，心里非常高兴。来到老虎园的时候，上林苑的主管官员前来拜见，文帝就向他询问上林苑的面积以及动物种类。没想到这随口一问，那主管官员竟然支支吾吾，回答不上来，文帝很生气。旁边的一个老虎管理人员对各种禽兽的情况非常熟悉，自告奋勇地跑了出来，回答了文帝的问题，并且口齿伶俐，侃侃而谈。文帝听了非常高兴，就打算撤掉原先的那个主管官员，改用这个老虎管理人员。

他刚想下令，却被大臣张释之拦住了。张释之迂回地问道，陛下觉得绛侯周勃这个人怎么样啊？文帝说，那还用问，堪称长者。张释之又问，那东阳侯张相如呢？文帝说，也是长者。此二人都是汉初重臣，但是都有些木讷，不怎么会说话。

张释之说，既然如此，那绛侯周勃、东阳侯张相如都曾经有些事情说不清楚，哪里像这个管理人员这么伶牙俐齿啊！接着，张释之阐述了自己的主要顾虑，他说，秦朝的时候，大家看重耍嘴皮子的功夫，结果朝廷官员以耍嘴皮子为能事，文过饰非，导致亡国。今天的这件事陛下是不是应该再考虑一下。

文帝明白了张释之的意思。提拔这个老虎管理人员，确实有可能获得一个好的上林苑主管官员，但其他大臣会认为这是耍嘴皮子的结果。若闻风而动，人人以耍嘴皮子为能事，定会造成巨大的社会危害。权衡了利弊之后，文帝决定不提拔那位老虎管理人员，只是撤了那个主管官员。因为玩忽职守是必须受到惩罚的。自此，汉文帝在用人上就特别注意“听其言，观其行”，官场之风得以净化，汉文帝的统治也得以巩固，也因此出现了中国历史上有名的“文景之治”。

与孔子相类似，诸葛亮也提出了七条识人的方法：一是问之以是否而观其志；二是穷之以辞辩而观其变；三是资之以计谋而观其识；四是告之以祸难而观其勇；五是醉之以酒而观其性；六是临之以利而观其廉；七是期之以事而观其信。这七条都是考察一个人在特定的环境下的表现，比起孔子所说的“观其行”更为具体，可以与之相互参考。

意气逞能者不如谋而后动者

原典

子曰："暴虎冯河，死而无悔者，吾不与也。必也临事而惧，好谋而成者也。"

意译

孔子说："赤手空拳和老虎搏斗，不用船只而徒步涉水过河，这样死了都不后悔的人，我是不赞同的。我一定要找遇事小心谨慎，又善于谋划而能完成任务的人共事。"

处世智慧

子路一向对自己的勇武很有自信，所以问孔子说："老师，假使你打仗，你带哪一个？"孔子听了子路的话笑了，骂子路，像你这种脾气，要打仗绝不带你，像发了疯似的，赤手空拳和老虎搏斗，站在河边就想跳过去，跳不过也想跳，这样有勇无谋怎么行？而且一鼓作气，看起来蛮英勇，死了都不后悔，这种做法是冤枉去送死。后来子路之死也果真如孔子所言。

子路这样的勇，不是大勇，在孔子的学问中，智、勇是相连的，真正的大勇，一定有智；真正的大智，也一定有勇，这才叫大智大勇。所以孔子说，一个统帅的修养，一定要做到“临事而惧，好谋而成”。任何一件事到手上，开始时因为怕会失败，所以要考虑周详，不自作聪明；到事情终于来了，则“好谋而成”，不再害怕，必须用智慧，各方面都设想周到，促其成功。

公元 581 年，北周相国杨坚代周立隋，自立为皇帝，史称隋文帝。当时南方的陈国国力贫弱，君臣不思进取，国内乌烟瘴气。隋文帝一直想灭掉陈国，一统大江南北。从表面上看，隋国与陈国相比，无论国土面积、政治、经济、军事、人口等方面，都占尽优势，但陈国有长江天险做屏障，陈军又擅长水战，所以，也并不好对付。加上北方的劲敌突厥时常骚扰后方，隋文帝不敢贸然用兵。

于是隋文帝决定，先示弱陈国，假意安抚，集中力量打击突厥，再一举灭陈。从此，抓住陈国间谍，不但不治罪，还以礼相待，送回陈国。也不再收留陈国的民众，哪怕是来投靠隋文帝的，这就营造出一种畏惧陈国的假象，让陈国放松警惕。同时，隋文帝不动声色地进行政治改革，鼓励农耕，提倡习武，增强国家实力。

当时的陈国皇帝，叫陈叔宝，就是有名的陈后主。他不理朝政，整天吃喝玩乐，任由奸臣把国家弄得一塌糊涂，民不聊生。隋朝的示弱，迷惑了陈国君臣，只有少数清醒的大臣，提醒陈后主提防隋国，但陈后主不以为然，认为隋军没有那么容易就能渡过长江天堑，依旧花天酒地。

虽然隋国已经具备灭陈的实力，但隋文帝依然十分谨慎，对陈国使者礼遇有加，迷惑陈军，让他们以为隋军不擅水上作战，不敢进攻陈国。暗地里，隋文帝却派杨素为水军总管，日夜操练水军，为渡江作战作准备。

公元 588 年，隋国国力大增，水军也已经练成。隋文帝终于认为，灭陈条件已经成熟，于是果断派出大军，进攻陈国。一路上隋军所向披靡，仅仅遇到微弱抵抗，并迅速渡过长江。当隋军的战船抵达长江南岸时，陈国守军还不知发生何事，隋军过江的消息传来，陈国的君臣都以为是谣传，依旧花天酒地。很快隋军就攻入陈都建康（今南京），陈后主被擒，陈国灭亡。隋完全平定南方，统一全国。

因本身力量弱小而不得不韬光养晦，乃平常之事，在力量比对方强大得多的时候还韬光养晦，就非一般人可为了。政坛、商界的老手莫不是后一种，所以孔子说，一定要找遇事小心谨慎，又善于谋划而能完成任务的人共事。

如果说隋文帝是老谋深算的政治家的话，那汉朝飞将军李广就真的是有勇有谋的勇士了。李广和子路都属尚武的一类人，但李广的谋略却远在子路之上。

有一次，匈奴进了上郡，李广带着 100 名骑兵去追赶三个匈奴射手，追了几十里地才追上。他射死了其中的两个，把第三个活捉了，正准备回营，远远望见有几千名匈奴骑兵赶了上来。

李广手下的兵士突然碰到那么多匈奴兵，不由得都慌了。李广对他们说："我们离开大营还有几十里地。如果现在往回跑，匈奴兵追上来，我们就完了，不如干脆停下来，匈奴兵以为咱们是来引诱他们的，一定不敢来攻击我们。"

接着，李广下令前进，在离开匈奴阵地仅仅两里的地方停了下来，命令兵士一齐下马，把马鞍全卸下来，就地休息。

兵士们都着急了，说："匈奴兵马这么多，又这么近，要是他们打过来，怎么办？"

李广说："我们这样做，表示不走，使敌人相信我们是诱骗他们的。"

匈奴的将领看到李广这样布置，真的有点害怕。他们远远地观察汉军动静，不敢上来。

这时候，匈奴阵地上有一个骑白马的将军，走出来巡视队伍。李广突然带着十几名骑兵翻身上马，飞驰过去，一箭把他射死。然后再回到自己队伍，下马躺在地上休息。

匈奴兵越看越怀疑。天黑下来，他们认定汉军一定有埋伏，怕汉军半夜袭击他们，就连夜全部逃回去。到了天亮，李广一瞧，山上已没匈奴兵，才带着 100 多名骑兵安然回到大营。

可见，真正的勇敢必定是和机智联系在一起的，唯有有勇有谋，才足以谋事而成，而意气用事者，不过是匹夫之勇，不足道哉。

想让别人了解自己，不如先去了解别人

原典

子曰："不患人之不己知，患不知人也。"

意译

孔子说："不要忧虑别人不了解自己，而应当担心自己不了解别人。"

处世智慧

知人者智，当我们抱怨不被别人了解的时候，也许该静下心来问问，自己是否先去了解过别人呢？无论是朋友、亲人，还是下属、上司，要想让别人知道自己，自己先应该迈出第一步。

吕蒙正是北宋有名的丞相，其之所以最终能位列丞相之位，可以说和他善于察人、知人善用是分不开的。

吕蒙正年轻的时候，正值国家由分裂走向统一的关键时期，朝廷加强中央集权制，当吕蒙正一进入仕途，也正好适应宋朝朝廷建设的需要。他不仅自己直言敢谏，有胆有识，还为朝廷挑选出优秀的人才，剔除那些不称职、阿谀奉承的官员。

据说有一次，朝廷的一位官员想巴结他，自称家里收藏着一面古镜，并且吹嘘说能照200里，想献给吕蒙正，以换得吕蒙正对自己的照顾。吕蒙正一听这话，非常生气，但是他不动声色，幽默地对群臣说："我的脸不过盘子般大小，怎么用得到可照200里的镜子呢？"断然拒绝此人的贿赂。众人对他的高尚情操，都赞叹不已。

吕蒙正爱才识才，并且秉公荐才。他为发现人才，经常随身带一记事本，一旦发现有才能的人，便根据不同的才能特点，将他们的情况详细记录。如果朝廷需要用人的时候，就据本抄报，以供选用，故所荐官员众多，且都称职。有一次，太宗皇帝要派人出使边疆，命令中书选一个既要有真才实学，又能担当重任的人。吕蒙正考虑许久，给皇帝一个人选，但太宗没有批准，之后，又催促他好几次，要另选他人，但吕蒙正却坚持当初的那个人选。太宗见吕蒙正不肯换人，龙颜大怒，把奏章扔在地上，说："你为什么这样固执！"吕蒙正毫无惧色，说："不是臣固执，我之所以推荐这个人，是从多方面考虑过的。我认为别人都不如他。我决不愿意用讨您喜欢、迎合陛下欢心的方法来危害国家大事。"同朝的官员们听到吕蒙正这样和皇帝说话，都惴惴不安，这可是触犯龙颜的话啊。但是，在退朝后，太宗却对众臣说："我的气量不如吕蒙正啊！"太宗终于接受那个被推荐的人，结果证明，那个人果然很称职。

宋真宗景德年间，吕蒙正辞去官职，住在洛阳。他的儿子却还都在朝内供职，真宗去汾阴祭祀土地神，途经洛阳，两次去吕府探视。当他看到吕蒙正年纪已大，行动也不方便的时候，便问他："哪个儿子可以接你的班，予以重用？"吕蒙正告诉真宗，他的两个儿子都不值得重用，但有一个侄子吕夷简，是可以提拔之才。就这样，吕夷简得到重用，此后成为北宋的名臣。

从心态情绪上来讲，别人不了解自己，是消极指向，自己不了解别人，则是积极进取指向。比起龟缩在自己的小天地里抱怨，不如走出自己的小世界，去拥抱外边的繁花似锦，只有走出去，化消极为积极，才能找到自己想要的事业、朋友，乃至爱情。

己欲达而达人

原典

子贡曰：“如有博施于民，而能济众，何如？可谓仁乎？”子曰：“何事于仁，必也圣乎！尧、舜其犹病诸！夫仁者，己欲立而立人，己欲达而达人。能近取譬，可谓仁之方也已。”

意译

子贡说：“如果有人对百姓广泛地施予好处，又能救济贫困大众的人，怎么样？可以算是仁德之人了吗？”孔子说：“怎么能只是仁人呢？简直就是圣人了！唐尧、虞舜恐怕都难以做到。凡是有仁德的人，自己想要有所建树，必须先帮助别人成就事业，自己想要显达，必须先帮助别人通达。这样凡事推己及人，就可以说是实行仁德的方法了。”

处世智慧

东郭书与犁弥是好朋友，两人都是齐军中的勇士。

齐国与晋国开战，攻打晋国的夷仪（今河北邢台市西）。东郭书头一个登上城墙，犁弥紧紧跟在后面。犁弥说：“你往左边去，我往右边走，等大家都上来后，我们再下去。”东郭书听从了。

战斗结束，休息的时候犁弥又碰到了东郭书，说：“是我先登上城墙的。”

东郭书系紧衣甲，喝道：“从前你就抢过我的功劳，这回还想这么做，没门儿！”

犁弥赔笑说：“我跟着你，就像是拉偏套的马跟着驾辕的马，哪就抢得了先？”

后来，齐国国君齐景公赏赐犁弥。犁弥说：“有一位勇士最先登上城头，臣在后面跟着他。”

齐景公问：“这个勇士是谁？”

犁弥说：“我说不上他的名字，只记得他的牙齿白森森的，长得很整齐，喜欢披一件狸皮斗篷。”

齐景公叫来东郭书，问：“是不是他？”

犁弥说：“正是此人，赏赐是属于他的。”

东郭书推辞道：“不，应该把赏赐给予他，因为他不是齐国人却为齐国打仗。”

于是齐景公把赏赐给了犁弥。

东郭书与犁弥这对好朋友，刚打完仗时各自争领战功，但到关键时候却又互相谦让，相比之下反倒让人觉得二人私底下的口角不过是朋友间的玩笑打趣。所谓“己欲达而达人”，就是有功一起领，甚至让对方先领。在现代社会，可形象地称之为共赢。独木不成林，单兵不成军。每个人都离不开与他人的合作，合作的过程，就是最大限度地体现“己欲达而达人”的过程。

“夫仁者己欲立而立人，己欲达而达人”，鬼冢喜八郎的故事告诉我们，一个人的成功，离不开他人的支持、帮助。投之以桃，报之以李，想获得别人的回报，先投之以桃是最好的投资。

有益的三种朋友和有害的三种朋友

原典

孔子曰："益者三友，损者三友。友直，友谅，友多闻，益矣。友便辟，友善柔，友便佞，损矣。"

意译

孔子说："有益的朋友有三种，有害的朋友也有三种。朋友直爽，朋友守信，朋友见闻广博，都是有益的。朋友虚浮，朋友圆滑，朋友夸夸其谈，都是有害的。"

处世智慧

孔子在此直接比较了有益的朋友和有害的朋友，目的是要说明，交友须有一定的选择性。常言道"近朱者赤，近墨者黑"，交友对一个人的思想、品德、学识会产生深刻的影响。清代冯班认为，朋友的影响甚至比老师还大，因为这种影响是气习相染、潜移默化的，久而久之且不知不觉。这就是《孔子家语》说的："与善人居，如入芝兰之室，久而不闻其香，即与之化矣。与不善人居，如入鲍鱼之肆，久而不闻其臭，亦与之化矣。"

说到交友，就不得不提有名的“管鲍之交”。

齐桓公是春秋五霸中最早称霸的，他的霸业主要得力于大政治家管仲，而把管仲推荐给齐桓公的就是鲍叔牙。

管仲和鲍叔牙是好朋友。起初，管仲和鲍叔牙合伙做买卖。管仲家里穷，出的本钱没有鲍叔牙多，可是到分红的时候，他却要多拿。鲍叔牙的手下都很不高兴，骂管仲贪婪。鲍叔牙却解释说：“他哪里是贪这几个钱呢？他家生活困难，是我自愿让给他。”有好几次，管仲帮鲍叔牙出主意办事，反而把事情办砸了，鲍叔牙也不生气，还安慰管仲，说：“事情办不成，不是因为你的主意不好，而是因为时机不好，你别介意。”管仲曾经做了三次官，但是每次都被罢免，鲍叔牙认为不是管仲没有才能，而是因为管仲没有碰到赏识他的人。管仲曾经带兵打仗，进攻的时候他躲在后面，退却的时候他却跑在最前面。手下的士兵全都瞧不起他，不愿再跟他去打仗。鲍叔牙却说：“管仲家里有老母亲，他保护自己是为了侍奉母亲，并不真是怕死。”管仲听到这些话，非常感动，叹口气说：“生我的是父母，了解我的是鲍叔牙啊！”

后来，管仲和鲍叔牙都从政了。管仲当了公子纠的老师，鲍叔牙做了公子小白的老师。当时在位的齐襄公十分残暴昏庸，朝政混乱，公子们为了避祸，纷纷逃到别的国家等待机会。管仲辅佐在鲁国居住的公子纠，而鲍叔牙则在莒国侍奉另一个齐国公子小白。

周庄王十二年，公孙无知杀死了齐襄公，夺了君位。不到一个月，公孙无知又被大臣们杀死了。齐国有些大臣暗地派使者去莒国迎接公子小白回齐国即位。

鲁庄公听到这个消息，决定亲自率领300辆兵车，护送公子纠回齐国。他先让管仲带一部分兵马在路上去拦截公子小白。

管仲带着30辆兵车，日夜兼程，追赶公子小白。他们远远看见莒国军队正在小树林边生火做饭，公子小白端坐车中。管仲跑上前去，说："公子，您这是上哪儿去啊？"小白说："去办理丧事啊。"管仲又说："公子纠比您年龄大，有他办理丧事就行了，您何必急急忙忙赶路呢！"鲍叔牙知道管仲的用心，很不高兴地对管仲说："管仲，你快回去吧。各人有各人的事，你不必多管。"管仲左右一看，公子小白的随从比自己的人多多了，心想，硬碰硬非吃亏不可，便假装答应，退了下去。没走几步，突然回过身来，弯弓搭箭，瞄准小白，一箭射去。只听小白大叫一声，口吐鲜血，倒在车上。周围的人一窝蜂跑去救护，其中有人大叫"不好了"，接着，很多人就大哭了起来。

管仲看到这个情景，认为小白一定死了，便驾车飞奔回去，向鲁庄公报告。鲁庄公听说小白已经死了，马上设宴庆贺，然后带着公子纠，慢慢悠悠地向齐国进发。

哪里知道，管仲这一箭并没射死公子小白，只射中了小白的衣带钩。小白怕管仲再射箭，急中生智，把舌头咬破，假装吐血而死。直到管仲走远了，小白才睁开眼，坐起来。鲍叔牙说："我们得快跑，说不定管仲还会回来。"于是，换了衣服，坐在有篷的车里，抄小路赶到了齐国都城临淄。这时候，鲁庄公和公子纠还在半路上呢！公子小白就是后来的齐桓公。

小白做了国君，念念不忘一箭之仇。鲍叔牙先去见桓公劝说道："难得的是臣下忠于其主啊，如果你重用了管仲，以他的加倍忠心和才能，可以替你射得天下，岂射钩可比呢？"桓公点点头说："好吧，我暂且听你的话，先不杀他。"

齐桓公欲拜鲍叔牙为相，鲍叔牙诚恳地辞谢说："主公如果只想管理好齐国，有高傒和我就够了。如想建树王霸天下的不世功业，那非用管仲不可！”

齐桓公见鲍叔牙这么推崇管仲，就说：“那你明天带他来见我吧。”鲍叔牙笑了笑说：“非常的人，必须以非常的礼节相待才行，天下的人知道主公尊贤礼士，不计私怨，会有更多的人来齐国效忠尽职！”齐桓公恍然大悟，即命人择定吉日良辰，用“郊迎”的大礼，亲自迎接管仲并同车进城。桓公与管仲一连谈论三日三夜，句句投机，即拜管仲为相国，且尊称为“仲父”，言听计从，专任不疑，常嘱左右：“国家大政，先禀仲父；有所裁决，任凭仲父。”

鲍叔牙与管仲的友谊一直维持了一辈子，所以后人就用“管鲍之交”来代指交情深厚的朋友。可见，朋友选择对了，是可以深交一辈子、受益一辈子的。

与朋友不必走得太近

原典

子游曰："事君数，斯辱矣。朋友数，斯疏矣。"

意译

子游说："侍奉君主太频繁琐碎，就是自取其辱；与朋友相交太频繁琐碎，就会被疏远。"

处世智慧

儒家讲君子之交淡如水，其中就包含了朋友之间的距离感。现实中，善始善终的朋友实际上并不多，多数是走太近后反而日渐疏远。有的人在精神上依赖朋友，心情好，朋友要陪着高兴，心情坏，朋友要陪着解闷儿，身边时刻不能没有朋友陪。有的人在物质上依赖朋友，直至压榨朋友，生财，朋友要出本金，要做大，朋友要集资；升官，朋友要出力，朋友的朋友也要出力。直到某一天，发现朋友离开了，还在抱怨朋友不够义气。

在这些人看来，朋友仿佛应该是为了自己能够赴汤蹈火在所不辞的人。实际上，朋友之间是有界限的，朋友不同于亲人，而是一种次于亲人的一种社会存在，是在亲人和陌生人之间的补充和缓冲，朋友在人格上相互独立，不是对方的精神奴隶或精神导师；朋友不具有排他性，不像配偶那样一对一的构成；总体而言，朋友具有较高的离散性，合则和、不合则散。

所以，在与朋友的相处中，距离感、分寸感就显得尤为重要。在孔子眼里，晏婴就是一个很懂得朋友相处之道的人。孔子曾对学生说：“晏平仲，善与人交，久而敬之。”说的是晏婴不仅能长时间地维系朋友关系，而且能使人愈来愈敬重他。这其实是相当不得了的本事。

关于保持适度距离的反例，孔子也曾提到，即“唯女子与小人为难养也”的后半句——“近之则不孙，远之则怨”。就是说有些人，你对他太亲近了，他会恃宠而骄、得寸进尺、无所顾忌、为所欲为，弄得你左右为难无所适从；但如果你疏远了他、轻慢了他，他又会失望腹诽、怨天尤人，甚至反目成仇。所以，在与朋友的交往中，懂得保持合适的距离，其实是一种理性和明智。

王安石有个好朋友叫孙少述，两人素来交情很深。王安石曾以诗相赠：“应须一曲千回首，西去论心更几人？”将其引为知己。但当王安石当了宰相后，孙少述却一直不与他往来，大家议论纷纷，以为他们断交了，后来，王安石变法失败，丢掉了宰相职务，到地方上做小官，这时孙少述又对他热情相迎。两人见面，互相宽慰致意，彼此畅谈经学，乐而忘返，直到暮色苍茫，方才依依惜别。事情传开，人们才知道孙少述对朋友高尚真挚的情谊。

另一个在交友间保持适当距离，尊重彼此个性的例子当属阮籍和裴楷。

阮籍是西晋时有名的“竹林七贤”之一，放荡不羁，蔑视礼教，而裴楷则与他不同，向来遵从礼制。他们在做事上按各自的思想行事，相处也很融洽。

在和社会上各种人士交往时，阮籍有他自己的一套独特办法。他不喜欢的人来拜访他，他能坐上大半天一句话都不说；他厌烦的人来看他，他就翻出白眼珠来看着客人；而他自己喜欢的朋友来时，他又用青（黑）眼看着客人，眼睛里没了白眼珠。这就是“青白眼”的来历，后人常用“青睐”、“垂青”来形容对某人某物表示欣赏、钟爱。阮籍就是这样一个特立独行的人。

阮籍母亲去世时，裴楷前去吊唁。阮籍刚喝醉了酒，披散着头发支棱着腿歪在坐榻上，也不哭。裴楷来了后，阮籍才走到地上。裴楷哭了一会儿，吊唁完毕就离开了。

有人问裴楷：“凡是去吊唁，都是主人先哭，客人才按照礼节哭。既然阮籍不哭，您为什么哭呀？”裴楷回答道：“阮籍是世俗之外的人，所以不崇尚礼制。我们是世俗之中的人，所以按礼仪的规矩办事。”当时的人赞叹他们两个人各有各的道理。

可见，朋友间如何通过合适的距离，维系感情的恒久，保证相交的淡泊，才是真正应该去把握的学问。心理学家测量出在不同场合下人与人之间应该保持的合适距离：“较亲近”的距离为 45 ～ 75 厘米；“较疏远”的距离为 75 ～ 120 厘米；“社交”距离为 120 ～ 350 厘米；超过 350 厘米为公共距离。人与人的相处，物理上的距离可以度量，从而可以轻易做到。但是，心理距离的调整，就非易事了。

此外，还有一个问题就是，在合适的距离内，君子是怎么对待友人的错误的？孔子告诫说：“忠告而善导之，不可则止，毋自辱焉。”朋友之间，发现对方有过错就要加以劝导，假使朋友能听进去，固然可以好好劝诫，要是听不进去，那也别再说了。必须尊重他人的自主性，假如只图言无不尽，屡次三番，一定会引起朋友的反感，不但不会认为朋友仁德，反而会结怨，时间长了就会越来越疏远。

现实生活中，交友能够全始全终的人确实凤毛麟角。日渐疏离的有之，分道扬镳的有之，恩断义绝的有之。要想交到能够终身相伴、荣辱与共、知心交心的真朋友，一半靠缘分，一半还得靠经营。

第五章

做事当心存恭敬

无信不立

原典

子曰："人而无信，不知其可也。大车无輗，小车无軏，其何以行之哉？"

意译

孔子说："一个人不守信，是根本不可以的。这就好像大车没有輗、小车没有軏一样，怎么能够行驶呢？"

处世智慧

大车指牛车，小车指马车，輗，现写作"輗"，是古代大车辕端用来连接、固定横木或车轭的部件；軏，现写作"軏"，是古代车辕与横木相连接的关键，少了它们，车就不能行走。孔子用它来比喻诚信的重要性，说明一个人如果没有最起码的诚信，那将无法行走于社会。

诚信，是最起码的为人之道，更是做事不可缺少的先决条件。丧失诚信，终究无事可成，相反，心怀信义，一些意想不到，看起来困难重重的事也能迎刃而解。

汤显祖是明朝的一位伟大戏剧作家，他不仅仅在文学上有所建树，还做过官，不过由于刚正不阿，得罪不少权贵，于是在万历二十一年（公元 1593 年），被贬到遂昌（今浙江省遂昌县）做七品县令。

虽然官职卑微，但汤显祖还是兢兢业业，希望能够造福百姓，不敢有丝毫的懈怠。他惩豪强，除虎害，重农办学，政绩显著，赢得当地百姓的称赞。在他的政绩中，除夕及正月十五“释囚赏灯”一直被众人传道。

除夕之夜，汤显祖一家团圆，尽情享受天伦之乐，但他突然想到监狱的犯人们，自己能和家人团圆、热热闹闹，那些犯人们却只能孤独度过新年。他们之中，有的因为无法按时交纳赋税入狱；有的是激于义愤动手打人致伤入狱；更有的是为生活所迫，一时失足而走错路。虽说法不容情，但人非圣贤，孰能无过，应该给他们悔改的机会。于是，汤显祖经过深思熟虑，下令把那些家在遂昌的囚犯放回家，让他们和家人一起过年，只要在初四之前回来就可以。这一举措让下属们很担心：“如果有人乘机逃走，岂不是好心办坏事？”汤显祖说：“他们大都本性善良，我待他们以诚，相信他们也会回报我以信，放他们回家和家人团圆，他们会心生感激，今后定会奉公守法。即使有些顽劣之人，但仍有侠义之心，我诚心待他，他们岂会让我难堪？”

话虽如此，但汤显祖也是提心吊胆。到大年初四那一天，回家过年的犯人都陆续回到狱中，竟无一人乘机逃脱。其中不少人还是由家人送来，犯人及其家属都对汤显祖感激涕零，有的家属叮嘱狱中亲人要好好改过，不要愧对大人的一片苦心，还有的定要当面感谢汤大人方才回去。明朝后期，官员和百姓互不信任，汤显祖却能同百姓鱼水情深，投之以桃，报之以李，在历史上也不多见。

生活中需待人以诚信，商业之中就更是如此了。经商之人，要想获得成功，就必须讲究诚信，诚信带来商机，商机带来利润。但做到一次诚信容易，终生以诚信为本就难了。日本的“银座犹太商人”藤田田恰恰就是将“诚信”贯穿始终的人。

1968年，藤田田与美国油料公司签订合约，要定制餐具刀叉300万个，交货日期是9月1日，交货地点是芝加哥。他心里计算着，现在接受订货还不算太晚，于是立即委托日本刀叉的集中产地——岐阜县关市制造，他认为，只要8月1日能在横滨装船，9月1日就能到芝加哥按时交货。可是，中途他去工厂察看，发现事情没有预想的那么顺利，那些工人因为插秧太忙，根本无法顾及刀叉的制造。他十分恼火，一再强调对方是犹太商人，讲究的就是信誉。

最终，出货的日期还是延误到8月27日。从8月27日到9月1日只有几天的时间，除非空运，否则无法按期交货。但是，从东京到芝加哥之间的空运费就需要大约3万美元，用3万美元来运送300万个刀叉实在是太不合算。考虑再三，藤田田还是决定空运刀叉，终于在9月1日如期交货。如果在日本或是其他国家，这样的事情可能成为美谈。可是，对方是犹太人，他们只是淡淡地说：“能够按期交货，不错，听说是空运过来的，不错。”这一次，藤田田大约损失1000万日元。第二年，美国燃料公司又要订货，这次是600万个刀叉。同样，制造者又一次延误日期，他不得不又一次租用飞机空运。对方非常欣赏藤田田的做法，称他为“守信用的日本人”，还赠给他“银座犹太商人”的美誉，这个美誉很快在犹太人中间传遍。从此，犹太人的订单源源不断地涌来，藤田田大发其财。

藤田田后来总结说道：“两次租用飞机空运交货，使我损失不少，可是我也因此赢得犹太人的信任。”这就是“银座犹太商人”成功的秘密。

凡事多从自己身上找问题

原典

曾子曰："吾日三省吾身。为人谋而不忠乎？与朋友交而不信乎？传不习乎？"

子曰："已矣乎！吾未见能见其过而内自讼者也。"

意译

曾子说："我每天对自己的言行举止进行自我反省。为别人筹谋是否尽心竭力了呢？同朋友交往是否做到诚实守信了呢？所传授给别人的东西，自己实践过了吗？"

孔子说："算了吧！我还没有看见过能发现自己的错误而及时在内心自我批评的人啊。"

处世智慧

一个人有自我反省的能力，才会不自满。三省，并不费时费力，但是真正实行起来，并非易事。《三国演义》中的张飞，可以说就是因为不善于自省，而最终丢掉了性命。

张飞闻知关羽被东吴所害，悲愤交加，报仇心切，下令军中，限三日内制办白旗白甲，三军挂孝伐吴。次日，帐下负责此事的范疆、张达报告张飞，说三日之内难以筹措完毕，须宽限些时日方可。没想到张飞听后大怒，命手下武士将其二人捆绑在树上，各鞭五十，打得二人满口是血。鞭打完后，张飞手指二人道："到时一定要做完，不然，就杀你二人示众！"范疆、张达二人受此刑责，心生仇恨，便于当夜趁张飞大醉在床，以短刀刺入张飞腹中，张飞大叫一声而亡，时年55岁。张、范二人杀害张飞后，"持其首级，顺流而奔孙权"。同关羽一样，一代虎将最终身首异处。

实际上，刘备早就告诫过张飞，认为张飞"不恤小人"很可能是日后灾祸的来源。据载，当张飞遇害后营中都督上表报告刘备时，刘备闻听张飞都督有表上奏（而不是张飞有表上奏），第一反应就是："噫！飞死矣。"

张飞的事例可谓道出了自省的重要性，一个不善于自省的人，不只是会犯错误，甚至会付出生命的代价。而且，纵使有他人提点，假如自己不思反省，也无济于事，归根结底，唯有反躬自身，当自己真正认识到错误，才有可能有改正的机会。

比起张飞来，商朝的太甲可谓幸运多了。

商朝的开国君主商汤王去世后，他的儿子太甲继位，由伊尹辅佐。伊尹这样告诫太甲："在宫廷中纵情歌舞是巫术作风；贪求财物，沉溺女色，迷恋打猎，是邪恶作风；轻慢圣贤，拒绝规劝，亲近小人，是靡乱作风，只要沾染其中之一，国家一定会败亡。"

伊尹的话说得够狠的了，但太甲根本听不进去，照玩儿不误，伊尹就把他流放到他父亲汤王的安葬地桐宫，让他反省过错。过了一段时间，伊尹把他接回来，继续辅佐他治理天下，还专门撰写了三篇题为“太甲”的文章教育他。然而这一切努力都白费了，太甲充耳不闻，还是老样子。于是伊尹又把他打发到桐宫墓地，还在那儿盖了房子，看来是打算让他长住了。

3 年过去了。伊尹时刻关注着太甲在桐宫的所作所为，他的行动早已有人报告给伊尹。太甲的悔过自新，让伊尹十分高兴，于是亲自带着文武大臣把太甲接回首都亳城，严肃而郑重地把政权交还给他。太甲悔恨不已，对伊尹说：“我昏庸糊涂了，不懂得修养品德的重要，现在我终于省悟了，放纵随欲不仅会败坏法度和礼制，还会招来惩罚。上天降下来的灾祸还可以躲避，而自己造成的灾祸是逃不掉的。过去我违背了您的苦心教导，希望今后依靠您的帮助，争取一个好的结局。”

后来的事实也证明，太甲是真的悔悟了，改过后的太甲以前事为师，按商汤时传下来的章法循规蹈矩地做事，听从身边大臣的良言良策，把上至国家大事下到百姓生活都治理得井然有序，商朝也进入了一个稳定发展的时期。

张飞与太甲的例子足以说明自省能够使自己远离祸患，但自省的更高明之处在于，自省能够凝聚人心，共同成事。将这一道理运用得最好的莫过于春秋时的楚庄王。

春秋时期，晋国攻打楚国，向前推进了 90 里地还没有停下来的意思。楚国大夫们怒火中烧，向国君楚庄王要求道：“请下令反击！”楚庄王摇摇头，说：“先国君在位的时候，晋国没有进攻我们楚国，轮到我做国君，晋国却攻打我们楚国，这是我的罪过呀。怎么能让你们来为我承担羞辱呢？”

大夫们见国君这样讲，也说：“先国君在位的时候，晋国没有进攻我们楚国，轮到我们这一辈管事，晋国却攻打我们楚国，这是我们这些臣子的罪过呀。请大王下令反击！”

楚庄王难过得垂下了头，眼泪沾湿了衣襟，起身向大夫们行跪拜礼，以表内疚。

晋国人知道了这件事，说："楚国君臣争着把过错揽到自己身上，楚庄王还降低身份向群臣表示自责。楚国如今是心往一处想，劲往一处使，咱们不能再打下去了。"于是连夜撤兵回国。

孔子听到后说："楚庄王称霸天下，有他的道理啊！以一句自责的话而退敌，保障了国家安全，称霸天下不是理所当然的吗？"善于内省的人难以战胜，晋国人懂得这个道理，主动撤退了。内省是强大的表现，所以楚国能够在楚庄王手中一天天强盛起来，最终称霸天下。

人是社会性动物，尤其是在共同做事的时候，更离不开同事、下属或朋友的支持，在共同处事的过程中，假如能够凡事先从自己身上找原因，多自省己责，那么很少有办不成的事情。

见利忘义者难成大事

原典

子曰："君子喻于义，小人喻于利。"

意译

孔子说："君子所了解的是义，小人所了解的是利。"

处世智慧

成大事者，大多是义的拥护者，而那些见利忘义之徒，则往往最终利和义都得不到。

战国时期，蜀国凭借着地理上的优势，阻断了其他国家的进攻，牢牢地占据着蜀地。蜀地物产丰富，人民自给自足，安居乐业。秦惠王早就想消灭蜀国，只是蜀国周围是地势险峻的高山和湍急的河流，士兵们根本进不了蜀国。秦惠王很是生气，心想小小的蜀国都收复不了，还怎么完成我统一天下的梦想。于是召集大臣们商议如何才能攻破蜀国。

有的说："我们现在就着手训练水军和能爬山的士兵，只有这样才能战胜蜀国。""训练水兵是一天两天的事情吗？训练一个合格的水兵要三五年，而训练一个能统率水兵的将领恐怕得数十年，我等不及了。”秦王说。又有人说：“不如我们去贿赂蜀国领兵的将军，只要他不抵抗，我们就能够战胜蜀国。”马上有人反驳说：“蜀国的大将军是个忠义耿直的人，不会接受任何人的礼物，更不要说我们的礼物了。”还有人说：不如我们花钱修一条通往蜀国的路，我们的士兵就可以顺利通过了。”这个提议说完就遭到大家的反对，现在战乱纷繁，国家哪里还有钱来修路啊！大臣们讨论来讨论去，就是没有商量出一个好的计策。

这时，有人报告说抓住一个蜀国人，秦王马上令人把他带进大殿。秦王问那蜀国人：“你为什么不老老实实地在蜀国待着，跑我秦国来做什么？”那人回答道：“蜀王贪财好利，征收百姓重税，只顾自己享受，不管人民死活。只好偷偷跑出来，寻个活路。”

秦王听到这里，心中突然想出一条妙计。于是命人打造了几尊石牛，并在每头牛的尾巴下面挂上许多黄金，打扮成会屙金子的神牛。又让人四处宣扬，说秦国国王得到几头会屙金子的神牛，要无偿送给蜀王。蜀王听到这个消息顿时乐开了花，心想会屙金子的神牛啊，有了它们我就可以要多少金子有多少金子，哪里还用像现在一样费力去向老百姓要呢。于是就派人给秦王送信，一方面确认消息是否属实，另一方面表示非常愿意接受馈赠。秦王回信说，这几尊神牛，又高又大，无法翻过你们国家那些高山，请您想个办法，我们好顺利给您送过去。

蜀王十分高兴，于是调集全国强壮劳力修路，争取尽快把神牛运进蜀国。路很快就修好了，当蜀王正坐在椅子上兴奋时，有人报告秦国派大队人马将神牛送来了。可是，还没等蜀王欣赏到会屙金子的神牛，秦国的大军就已经顺利进入蜀地，打得蜀军抱头逃跑。蜀王这时才恍然大悟，但为时已晚，追悔莫及。

蜀国因为凭借艰险地势才没能被秦国所灭，但是由于蜀王贪财，听说秦王送给他神牛就不考虑后果，为迎接神牛而打破本国的自然屏障，筑路迎牛，亲自为秦国入侵铺路，结果招致亡国。这就是见利忘义的结果，见利忘义往往是“利”“义”尽失。

坚守义并非就意味着放弃利，相反，谋大利者通常都需要义的帮忙。

2007年，在《福布斯》公布的全球富豪排行榜上，“股神”巴菲特以520亿美元的资产，仅排在比尔·盖茨之后，位居第二。巴菲特为人所称道的，不仅仅在于他非凡的投资头脑，以及由此得来的巨额利润，还在于巴菲特的正直、理性和善良。在投资的过程中，他没有用任何违法手段，相反，他的投资哲学完全坚守着诚实、正直的原则。另外，在处理生活等其他各种问题时，巴菲特都表现出高尚的情结。

巴菲特不能忍受外表掩盖本质，也不能忍受欲望控制理智，更不能容忍人与人之间的互相欺瞒。他是一个真实的人，一个善良的人，而与其打交道的也必须是正直的人。他选择哪个公司的股票进行投资，不是看这一时期该公司股票的升降趋势，而是去了解该公司管理阶层的道德品质，直到确信自己可以信任他们，确信他们的精明能干可以为企业带来高额利润，才果断出手。

针对共和党提出的逐渐取消遗产税的方案，巴菲特和比尔·盖茨等百余位美国巨富都持强烈的反对态度。虽然他们将是取消遗产税的最大受益者，但他们都选择反对。比尔·盖茨说取消遗产税将使富豪的孩子不劳而获，最终伤害到穷人的利益。巴菲特则认为盖茨的批判力度远远不够。他告诫自己的孩子，不要指望会得到他的遗产，他会将这些遗产全部捐赠公益协会。巴菲特自己的几个子女，都是自食其力。

这就是始终坚守社会正义的巴菲特，他不仅赢得了自己的财富，同时也赢得了他人、社会的爱戴。

做事要有分寸

原典

子贡问师与商也孰贤。子曰："师也过，商也不及。"曰："然则师愈与？"子曰："过犹不及。"

意译

子贡问孔子："子张与子夏相比谁更优秀呢？"孔子回答说："子张容易做过头，子夏达不到。"子贡说："那么子张比子夏强一点吗？"孔子说："过分和不足同样不好。"

处世智慧

一个有分寸感的人，就是一个做事得体、说话恰当、言行进退有度的人，在刚柔张弛之间透出一种力量感和智慧感。这样的人，在成功的路上必定会走得顺风顺水。

"庖丁解牛，游刃有余"给我们展现了分寸感的艺术，同时也说明，任何分寸感的得来都是必须下一番苦工夫的。

有一天，庖丁被请到文惠君的府上，为其宰杀一头肉牛。只见他用手按着牛，用肩靠着牛，用脚踩着牛，用膝盖抵着牛，动作极其熟练自如。他在将屠刀刺入牛身时，那种皮肉与筋骨剥离的声音与庖丁运刀时的动作互相配合，显得是那样的和谐一致，美妙动人。他那宰牛时的动作就像踏着商汤时代的乐曲《桑林》起舞一般，而解牛时所发出的声响也与尧乐《经首》十分合拍。

站在一旁的文惠君不觉看呆了，他禁不住高声赞叹道："啊呀，真了不起！你宰牛的技术怎么会有这么高超呢？"

庖丁见问，放下屠刀，对文惠君说："我在刚开始学宰牛时，因为不了解牛的身体构造，眼前所见无非就是一头头庞大的牛。等到我有了 3 年的宰牛经历以后，我对牛的构造就完全了解了。我再看牛时，出现在眼前的就不再是一头整牛，而是许多可以拆卸下来的零部件了！现在我宰牛多了以后，就只需用心灵去感触牛，而不必用眼睛去看它。我知道牛的什么地方可以下刀，什么地方不能。我可以娴熟自如地按照牛的天然构造，将刀直接刺入其筋骨相连的空隙之处，利用这些空隙便不会使屠刀受到丝毫损伤。我既然连骨肉相连的部件都不会去硬碰，更何况大的盘结骨呢？一个技术高明的厨师因为是用刀割肉，一般需要一年换一把刀；而更多的厨工则是用刀去砍骨头，所以他们一个月就要换一把刀。而我的这把刀已经用了 19 年了，宰杀过的牛不下千头，可是刀口还像刚在磨刀石上磨过一样的锋利。这是为什么呢？因为牛的骨节处有空隙，而刀口又很薄，我用极薄的刀锋插入牛骨的间隙，自然显得宽绰而游刃有余了。所以，我这把用了 19 年的刀还像刚磨过的新刀一样。"

文惠君听了庖丁的这一席话，连连点头，似有所悟地说："好啊，我听了您的这番金玉良言，还学到了不少修身养性的道理呢！"

其实，故事中不仅包含修身养性的道理，更涵盖了做事做人最重要的分寸感。过犹不及，太过和不及都是不好的，唯有将刀刃对准牛的筋骨空隙，说话做事都落在恰当的点上，才会使事情办得漂亮成功。

但是，分寸感并不等于中间水平，并不是说在过和不及间取一个正中的点，分寸感主要指的是适当、适宜。曹刿论战是春秋中记载的一次会战，其中就淋漓尽致地体现了何为分寸感。

鲁国和齐国交战，曹刿请求随行。到了那一天，鲁庄公和曹刿同坐一辆战车。鲁庄公将要下令击鼓进军。曹刿说："现在不行。"等到齐军三次击鼓之后。曹刿说："可以击鼓进军了。"

齐军大败。鲁庄公又要下令驾车马追逐齐军。曹刿说："还不行。"说完就下了战车，察看齐军车轮碾出的痕迹，又登上战车，扶着车前横木远望齐军的队形，这才说："可以追击了。"于是追击齐军。

打了胜仗后，鲁庄公问曹刿取胜的原因。曹刿回答说："作战，靠的是士气。第一次击鼓能够振作士兵们的士气，第二次击鼓士兵们的士气就开始低落了，第三次击鼓士兵们的士气就耗尽了。他们的士气已经耗尽而我军的士气正旺盛，所以才战胜了他们。像齐国这样的大国，他们的情况是难以推测的，怕他们在那里设有伏兵。后来我看到他们的车轮的痕迹混乱了，望见他们的旗帜倒下了，所以下令追击他们。"

对"一鼓作气"与"再而衰、三而竭"的认识，充分体现了曹刿对细微事物的观察，正是在这种观察的基础上，才有了别人所没有的分寸感。所以，分寸感的得来，一靠多观察、体察；二靠多训练，在生活中时时留心、事事留神，常言道人情练达即文章，天长日久，分寸感自然就会有了。

做事要有恒心

原典

子曰:“南人有言曰,‘人而无恒,不可以作巫医。’善夫!‘不恒其德,或承之羞。’”子曰:“不占而已矣。”

意译

孔子说:“南方人有句俗话说,‘人如果做事没有恒心,连巫医都做不了’。这句话说得真好啊!《易经》中说,‘人若不能持之以恒地修养自己的德行,就免不了会招致羞辱’。”孔子说:“这是告诉那些没有恒心的人不必去占卦了。”

处世智慧

做任何事都离不开恒心和毅力,一旦认定目标,随之而来的就该是辛勤的付出,付出的过程可能是漫长艰辛的,但唯有坚持下去,才可能迎来成功的曙光。许多行业的领头羊,都是付出了巨大的心血,经历过五关斩六将的磨难才打拼到今天的位置的。报业大王默多克正是以迎难而上的勇气和毅力成就其辉煌的事业。

鲁伯特·默多克是享誉世界的报业大王。他读大学时，父亲就去世了，给他留下遗言，希望他终生致力于造福人类的新闻事业，他自己也决心在新闻行业闯出一片天。后来默多克继承了阿德莱德的小报《新闻报》等，可是当时实力还很薄弱，不久，他吞并墨尔本的《新思想》周刊和《星期日时代报》，事业初步发展。

接下来，他又买下当地一家电视台的股份，开始经营电视业务。由于他缺乏政治和社会经验，没多久，就在竞争中失败。但是默多克的雄心壮志并没有受到影响，他回到原先的报业仍然积极地开拓市场，《先驱》和《时代周刊》终于打入悉尼市场。然而新的考验迅速到来，当时澳大利亚实行紧缩性经济政策，整个报业处境艰难。1961 年，正值澳大利亚大选，默多克希望借由对大选结果的准确预测来提高报纸的知名度，然而事与愿违，预测都不准确，默多克又一次失败。

令大多数人意想不到的是，默多克愈挫愈勇。为获得更有影响力、更有分量的素材，他决定进军首都堪培拉，因为在那里，能够及时获得具有影响力的重大新闻。他筹办一份《澳大利亚人报》，并且向当地报业大王——《堪培拉时代》发出挑战，通过免费赠送、大张旗鼓地宣传等活动，《澳大利亚人报》开始受到人们的关注。但由于对当地民意与政治缺乏了解，以及竞争对手的排斥，《澳大利亚人报》不久就陷入困境，报纸滞销，亏损加大，而且受到当地舆论界的攻击。

但即使在这种情况下，默多克也没有退缩。为重振报业，他改进报馆的设备，调整编辑群。为取得有价值的新闻，他积极争取进入堪培拉的政治圈。经过几年的艰苦努力，《澳大利亚人报》终于羽翼丰满，销售量达 12 万份。澳大利亚市场稳定后，默多克把目光转向世界，逐步收购和控制一些英国、美国的著名报纸，如英国的《世界新闻报》《泰晤士报》和《星期日泰晤士报》等，终于建立起来一个世界级的报业帝国。

俗话说，台上一分钟，台下十年功，每一个成功的背后，都可能蕴含着无数的失败和痛苦，唯有能够在失败中不断崛起的人，才有可能品尝到最终胜利的美酒。

市村清曾长期担任理研光学、三爱石油等公司的总经理，是公认的成功人士。但他年轻时，事业曾一度跌入谷底，然而他凭着一股愈挫愈勇的精神，终于走出低谷，登上事业的顶峰。

市村清原本任职的大东银行，在1927年4月的金融恐慌中倒闭，他成为一个一文不名的人。为维持家用，市村清决定去当保险业务员。他去富国生命的九州分店应聘，条件是不支薪水，但只要签下一万日元的合约，就可以拿到50日元的回扣。亲友劝阻说："保险推销最令人讨厌，还是不要去做。"但他决心已定，不为所动，开始负责熊本地区的保险业务。

然而事情进展很不顺利。尽管他勇于尝试，从早到晚到处奔波，但三个月时间一晃而过，连一份合约也没有签下。他觉得没有必要再耗下去，于是对妻子说："唉，又一次失败，去东京摆个摊子也比现在强。"但妻子说："你最初不是坚持只要想做，凡事都可做吗？连一笔生意都没签到，就想放弃吗？在你的履历上是一个完全失败的记录，你甘心吗？要是连夜逃到东京，岂不更招来耻辱吗？不如现在拿出男人的气魄给我看！"市村清受到极大的震撼，决心从头再来。

苦心人，天不负，在市村清第9次去拜会母校校长时，校长终于为他的热诚所感动，当即签约。市村清觉悟到："即便是到失败的尽头，也不可以放弃工作，失败或成功仅一线之隔。"

市村清曾经一个月最多签到 5 万日元的合约，获得总公司颁赠的全国第一的业务奖，成为顶尖推销人员，当时他才 26 岁。可以想见，如果不是凭借着巨大的决心和毅力，而是一失败就放弃，后来也不可能取得如此成就。

“艰难困苦，玉汝于成”“天将降大任于斯人也，必先苦其心志，劳其筋骨，饿其体肤，空乏其身，行拂乱其所为，所以动心忍性，增益其所不能”。这些谚语都强调矢志不渝和持之以恒对成就事业的重大意义，而事实也证明唯有坚持到最后的人才有可能是笑到最后的人。

人无远虑，必有近忧

原典

子曰："人无远虑，必有近忧。"

意译

孔子说："一个人如果没有长远的打算，就会有即将到来的忧患。"

处世智慧

现在所面临的问题和忧愁，是起因于以前没有深思熟虑的作为；同样的，今天的作为如果未经长远的深思熟虑，将来必会尝到苦果。善于高瞻远瞩的人，遇事通常比常人多看三两步，多做三两手准备。

萧衍是南朝梁的开国君主，是南兰陵（今江苏省常州市西北）人。南齐隆昌元年（公元494年），萧衍被任为宁朔将军，镇守寿春（今安徽省寿县）。建武二年（公元495年），因抗击北魏军有功，被任为右军晋安王司马、淮陵太守。以后又为太子中庶子，领羽林监。建武四年（公元497年），北魏军南伐雍州，萧衍受命领兵赴援，进至襄阳（今湖北省襄樊市）。同年7月，被授为持节，都督雍、梁、南秦、北秦四州及郢州的竟陵、司州的随郡诸军事、辅国将军、雍州刺史，镇守襄阳。

这时，齐明帝萧鸾病死，其子萧宝卷继位。萧宝卷昏庸狂虐，无德无能，终日享乐，朝中大事均由始安王萧遥光、尚书令徐孝嗣、尚书右仆射江祐、右将军萧坦之、侍中江祀、卫尉刘暄等人处理。这六人虽号称“六贵”，但完全不以国事为重，而是为一己之私利互相争夺倾轧，导致朝中政治极度昏乱腐败。

萧衍在襄阳，听到朝中的情况，预感到南齐的寿命不会太长了，就对亲戚张弘策说：“政出多门，是国家大乱的开始，《诗经》说：一国三公，吾谁适从？如今国家有六贵，这怎么得了！我料想，他们六贵矛盾一定会激化到大动干戈的地步，而襄阳远离国都，正是避祸的好地方。但我的弟弟们还都在都城，恐怕他们会遭到祸患。我得和益州刺史商议一下。”

萧衍所说的益州刺史，指的是他的哥哥萧懿。正巧，萧懿离益州刺史任，暂时管理郢州事。郢州的治所在今武汉市，从襄阳沿汉水可直达武汉。萧衍便派张弘策至郢州，给萧懿送去一封信，信中说：“想当初西晋惠帝时，八王作乱，遂致国家内难大兴，外寇三起。如今六贵争权，人握王宪，制主画敕，各欲专威，睚眦成恨，必自相屠戮。不但如此，新主萧宝卷早在当太子时就亲信左右，凶残无比，如今登上帝位，正想纵其所欲，岂肯虚坐主位，委政于权臣。他们君臣之间猜忌到一定程度，也将大诛大杀。如今六贵，萧遥光图谋称帝，形迹已现。但这却如同跛子上天，绝无可能。江祐怯而无断，刘暄弱而不才，他们在互相倾轧中迟早会被搅成肉酱。萧坦之心怀猜忌，徐孝嗣毫无主见，所以一旦乱起，必将朝野土崩瓦解。我们有幸远离京师，领兵外镇，可以保全自身，图谋大计。我们应乘朝廷对我们猜防未生之时，将诸弟召集在一起。否则，一旦朝中对我们猜疑，诸弟们在京师则拔足无路。如今，兄在郢州，控带荆湘，弟在雍州，士马数万，在此政昏朝乱之际，正好以此为据以图大事。如果坐失良机，悔之晚矣。”

萧懿见信，脸色大变，他不愿意萧衍这样做，因为这会招来灭门大祸。萧衍见哥哥不从，便独自将弟弟萧伟、萧儋迎至襄阳，并秘密制造武器，扩集兵马。他还在襄阳大伐竹木，将其沉于檀溪之中，以备将来之用。

萧懿不听萧衍劝告，入朝作了太子右卫率、尚书吏部郎、卫尉卿。永元二年（公元500年），相继发生了裴叔业、崔慧景反叛之事，萧懿带兵平定了叛乱，为朝廷立有大功。但功高不但未赏，反而受到猜忌，这年冬天被杀。

萧懿被杀，既证明了萧衍预见的准确，也为萧衍起兵提供了机会。萧衍及时抓住了这个机会，在与亲信吕僧珍、柳庆远、吉士瞻等人密谋后，便召集部众，誓师起兵。萧衍对僚佐们说：“如今昏主恶稔，穷虐极暴，无端杀害朝中贤士功臣，令生灵涂炭，民不聊生，为天所不容。你们大家与我同心疾恶，共举义兵，事成之后，就是我的公侯将相。只要你们效力建勋，我决不食言。”誓师之后，萧衍令人把竹木从檀溪中打捞出来，做成战舰千艘，又召集兵士万余人，起兵讨伐萧宝卷。在杀掉萧宝卷后，萧衍又立了傀儡皇帝萧宝融，一年之后，又将他废掉，自己亲登帝位，建立了梁朝。

在现代社会，“远虑”更多地表现在对自己的人生规划、职业规划、子女教养等问题上，时光易逝，机会难得，唯有早作准备，提早谋划才能在时机闪现时及时抓住，在问题显露初期及早避免，未雨绸缪，有备无患。

工欲善其事，必先利其器

原典

子贡问为仁。子曰："工欲善其事，必先利其器。居是邦也，事其大夫之贤者，友其士之仁者。"

意译

子贡问怎样实行仁德。孔子说："工匠若想做好他的工作，就必须先整治好他的工具。居住在这个国家，就要侍奉大夫中的贤者，与那些有仁德的人交朋友。"

处世智慧

这句话的出处是有其背景和故事的，结合孔子说这句话的背景来看，孔子要表达是更偏向于人脉资源的利用，也许当时的故事更能给我们启发。

齐国的执政大夫田常想要在齐国叛乱，却害怕高昭子、国惠子等其他大夫的势力，决定借攻伐鲁国以掌握军队，树立威信。孔子听到后，对学生们说："鲁国是我们的父母之邦，祖先的坟墓都在那里，你们为什么不去解除它的危难？"勇敢的子路首先要求去抵抗齐国的军队，孔子不许；子张也提出要去，孔子不同意；子贡请行，孔子同意了。

子贡请教此行该注意什么，孔子说："仁！"

子贡接着问："请问，在异国他乡，怎样达到仁的要求呢？"

孔子回答："工欲善其事，必先利其器。"孔子先打了比方，说一个人要做好他的工作，一定要先有锐利的工具。接着又说："住在那个国家，恭敬地对待贤德当权者，和有道德的人交友。人的关系和谐了，等于一个人有了好的工具，就能够按你的心意办事了。"

子贡按老师的教导，先到齐国去说服田常："您攻打鲁国是错误的。鲁国，是难攻打的国家，它的城墙单薄而矮小，它的护城河狭窄而水浅，它的国君愚昧而不仁慈，大臣们虚伪而无用，它的士兵百姓又厌恶打仗的事，这样的国家不可以和它交战。您不如去攻打吴国。吴国，它的城墙高大而厚实，护城河宽阔而水深，铠甲坚固而崭新，士卒经过挑选而精神饱满，可贵的人才、精锐的部队都在那里，又派英明的大臣守卫着它，这样的国家是容易攻打的。"

田常听了，脸色一变，说："你所谓难的其实是容易的；所谓容易的却是难的。你用这些话来戏弄我，是何居心？"

子贡便解释道："其实忧患在国内的，要去攻打强大的国家；忧患在国外的，要去攻打弱小的国家。而您的忧患实际上在国内，您之所以在齐国的地位始终没有突破，正是因为其他大臣的反对。如今您去攻打很容易战胜的鲁国，获胜后自己不一定能获得多少功劳，却使齐国国君和其他大臣的实力有所增强，自己则因为功高更招致国君的不信任，同时其他的大臣也会用更多的力量制衡您，您想要入主齐国，反而更加困难了。如果去攻打吴国，国家失败了没关系，贵族反而会得到削弱，国君变得更孤立，那时齐国除了依靠你还有谁？”

田常一听，觉得很有道理。但因为军队已经向鲁国开进了，如果突然从鲁国撤军而攻打吴国担心会引起其他大臣的怀疑，田常显得左右为难。子贡于是又向田常主动请缨，让田常先按兵不动，由他去说服吴国出兵援助鲁国而攻打齐国，田常就可以趁机与吴国开战了。田常同意了子贡的建议。

子贡南下来到吴国，游说吴王，也就是刚刚在吴越争霸中获胜的夫差。子贡对夫差说：“如今齐国正要攻打鲁国，如果拥有万辆战车的齐国再独自占有拥有千辆战车的鲁国，那么势必对吴国的霸权构成巨大的威胁。而如果吴国发兵去援助鲁国，不仅可以彰显吴国作为春秋霸主的威名，而且通过攻打强暴的齐国，可以安抚北方的各国诸侯，并镇服一直与吴国争霸的强大的晋国，是一件很有利的事情。同时用保存危亡的鲁国的借口遏制齐国的强大和扩张，是一个十分聪明的政策。”

吴王夫差对子贡的说法很赞同，但是吴国刚刚战胜越国，越王勾践正在卧薪尝胆强大国家以图报复吴国的事实让夫差很担心，他对子贡说：“等我彻底把越国灭掉，再去救鲁国，如何？”

子贡赶紧说：“不行，如果吴国不去制衡齐国而攻打越国，鲁国很快就会被齐国灭亡。如果吴国能先不去攻打越国而援助鲁国，就能向天下昭示吴国‘存灭国，继绝嗣’的仁德。同时以援助鲁国之名攻打齐国，向晋国施加压力，各国诸侯必然会更加臣服于强大的吴国，夫差称霸天下的大业就成功了。”子贡紧接着说：“如果夫差确实担心越国，可以要求越国派军队跟随吴国作战，这样越国就空虚了，不仅解除了吴王的后顾之忧，同时可以使得夫差在联盟作战中享有盟主之名。”夫差觉得很对，于是同意了子贡到越国的请求。

越王勾践听说子贡到来，亲自到郊外迎接，子贡告诉勾践说：“他正在劝说吴王夫差去援助鲁国攻打齐国，夫差想这样做却担心越国成为后患，所以决心先彻底攻破越国，所以现在越国很危险。”

勾践听了赶紧给子贡磕头说：“我之前不自量力才去挑战吴国，结果惨败，现在哪敢报仇啊？”

子贡冷笑一声，说：“如果没有报仇之心却遭到别人的猜忌，那是非常愚蠢的；如果有报仇之心却被别人看穿，那是非常危险的；如果想要报仇还没动手就被别人灭掉了，那是注定失败的。”

勾践听后，吓出一身冷汗，赶紧问子贡，怎么办才好。子贡回答说：“吴王夫差连年征战，为人残暴，士兵怨声载道。伍子胥是忠良贤臣，却被杀害；伯嚭是自私小人，却受重用。这些都是亡国之相。您应该旗帜鲜明地支持夫差北上伐齐，只要他出兵，是胜是败，力量都会遭到削弱。那时，越国的机会就到来了。”

越王勾践听了子贡这番话，高兴得无以复加。随后，越王勾践派大臣文种对夫差说：“如果夫差要发动正义之师，锄强扶弱，援助鲁国攻打齐国，越国愿意把全部的三千兵马作为吴王的先锋，以助吴国成就大业。”

子贡在说服吴王夫差后离开吴国秘密前往晋国，并对晋国国君说：“现在齐国和吴国就要开战了，如果吴国战败，越国会趁机扰乱吴国，如果吴国战胜，吴军就会逼近晋国。晋国需要做好充足的准备，防备吴国，以趋利避害。”晋国国君也听从了子贡的建议。

之后的历史几乎按着子路设计的车轮在走：吴王果然和齐国人在艾陵打了一仗，把齐军打得大败，俘虏了大量齐国大夫的士兵。鲁国得以保全。田常回到齐国，篡夺了王位。大胜的吴军不肯班师回国，果然带兵逼近晋国，和晋国军队在黄池相遇。吴晋两国争雄，晋国人攻击吴国，大败吴军。越王听到吴军惨败的消息，就渡过江去袭击吴国，直打到离吴国都城七里的路程才安营扎寨。吴王听到这个消息，离开晋国返回吴国，和越国军队在五湖一带作战，多次战斗都失败了，最终城门失守。越军包围了王宫，杀死了吴王夫差和他的国相。灭掉吴国3年后，越国称霸江东。

在子贡的整个游说背后，能够与各国的权贵说上话是其游说成功的先决条件，人脉有时比工具器物更重要。

成大事者不拘小节

原典

子曰：“君子贞而不谅。”

意译

孔子说：“君子坚持正义而不固守小信。”

处世智慧

忠信和大义有时是会相冲突的，在这种时候，孔子赞同的是舍小信而保大义。蔺相如完璧归赵的故事便很好地诠释了二者间的取舍。

公元前283年，秦昭襄王派使者带着国书去见赵惠文王，说秦王情愿让出15座城来换赵国收藏的一块珍贵的“和氏璧”，希望赵王答应。

赵惠文王跟大臣们商量，要不要答应。要想答应，怕上秦国的当，丢了和氏璧，拿不到城；要不答应，又怕得罪秦国。议论了半天，还不能决定该怎么办。

当时有人推荐蔺相如，说他是个挺有见识的人。赵惠文王就把蔺相如召来，要他出个主意。

蔺相如说："秦国强，赵国弱，不答应不行。"

赵惠文王说："要是把和氏璧送了去，秦国取了璧，不给城，怎么办呢？"

蔺相如说："秦国拿出15座城来换一块璧玉，这个价值是够高的了。要是赵国不答应，错在赵国。大王把和氏璧送了去，要是秦国不交出城来，那么错在秦国。宁可答应，叫秦国担这个错。"

赵惠文王说："那么就请先生上秦国去一趟吧。可是万一秦国不守信用，怎么办呢？"

蔺相如说："秦国交了城，我就把和氏璧留在秦国；要不然，我一定把璧完好地带回赵国。"

蔺相如带着和氏璧到了咸阳。秦昭襄王得意地在别宫里接见他。蔺相如把和氏璧献上去。秦昭襄王接过璧，看了看，挺高兴。他把璧递给美人和左右侍臣，让大伙儿传着看。大臣们都向秦昭襄王庆贺。

蔺相如站在朝堂上等了老半天，也不见秦王提换城的事，知道秦昭襄王不是真心拿城来换璧。可是璧已落到别人手里，怎么才能拿回来呢？

蔺相如急中生智，上前对秦昭襄王说："虽说这块璧名贵，可是也有点小毛病，不容易瞧出来，让我来指给大王看。"

秦昭襄王信以为真，就吩咐侍从把和氏璧递给蔺相如。蔺相如一拿到璧，往后退了几步，靠着宫殿上的一根大柱子，瞪着眼睛，怒气冲冲地说："大王派使者到赵国来，说是情愿用15座城来换赵国的璧。赵王诚心诚意派我把璧送来。可是，大王并没有交换的诚意。如今璧在我手里。大王要是逼我的话，我宁可把我的脑袋和这块璧在这柱子上一同砸碎！”

说着，他真的拿着和氏璧，对着柱子做出要砸的样子。

秦昭襄王怕他真的砸坏了璧，连忙向他赔不是，说：“先生别误会，我哪儿能说了不算呢？”于是连忙命令大臣拿上地图来，并且当场划了15座城指给蔺相如看。

蔺相如接着说：“赵王送璧到秦国来之前，斋戒了5天，还在朝堂上举行了一个很隆重的仪式。大王如果诚意换璧，也应当斋戒5天，然后再举行一个接受璧的仪式，我才敢把璧奉上。”

秦昭襄王想，反正你也跑不了，就说：“好，就这么办吧。”然后吩咐人把蔺相如送到宾馆去歇息。

蔺相如回到宾馆，叫一个随从打扮成买卖人的模样，把璧贴身藏着，偷偷地从小道跑回赵国去了。

过了5天，秦昭襄王召集大臣们和别国在咸阳的使臣，在朝堂举行接受和氏璧的仪式，叫蔺相如上朝。蔺相如不慌不忙地走上殿去，向秦昭襄王行了礼。

秦昭襄王说：“我已经斋戒5天，现在你把璧拿出来吧。”

蔺相如说：“秦国自秦穆公以来，前后二十几位君主，没有一个讲信义的。我怕受欺骗，丢了璧，对不起赵王，所以把璧送回赵国去了。请大王治我的罪吧。”

秦昭襄王听到这里，大发雷霆，说：“是你欺骗了我，还是我欺骗你？”

蔺相如镇静地说：“请大王别发怒，让我把话说完。天下诸侯都知道秦是强国，赵是弱国。天下只有强国欺负弱国，决没有弱国欺压强国的道理。大王真要那块璧的话，请先把那15座城割让给赵国，然后打发使者跟我一起到赵国去取璧。赵国得到了15座城以后，绝不敢不把璧交出来。”

秦昭襄王听蔺相如说得振振有词，不好翻脸，只得说："一块璧不过是一块璧，不应该为这件事伤了两家的和气。"

结果，还是让蔺相如回赵国去了。蔺相如回到赵国，赵惠文王认为他完成了使命，就提拔他为上大夫。秦昭襄王本来也不存心想用 15 座城去换和氏璧，不过想借这件事试探一下赵国的态度和力量。蔺相如完璧归赵后，他也没再提交换的事。

在一些关键的时候，如果像普通人一样拘泥于小节、小利、小信、小义来做事，常常会因小而失大。这种时候，真正有所作为的君子从来都是从大节大义着眼，这虽然使他们常常遭到有些人的误解，但也正是这样，才使得他们成就自己非凡的事业，做成利国惠民的大事。

第六章

管理的智慧

管理不仅仅意味着制度

原典

子曰："道之以政，齐之以刑，民免而无耻；道之以德，齐之以礼，有耻且格。"

意译

孔子说："用法令政策引导百姓，用刑法整顿他们，老百姓就只求躲避犯罪受惩，心中并无羞耻的感觉。用道德教化引导百姓，用礼制来整顿百姓，百姓就会有羞耻感，内心认同且归依。"

处世智慧

天下没有一种管理不需要依赖制度法令，但如果能在制度法令的基础上再加以道德教化、情感关怀，那就会让下属不仅服从，而且还会产生内心的认同感。优秀的管理者大多能从这两个方向入手，郑国大夫子产就是其中一个。

郑国执政大夫子皮认为子产比自己更贤能，把执政权让给了子产。

大夫丰卷将要举办家祭，面见子产，请求猎取祭品。子产不同意，说："只有国君在举行祭祀时才能使用刚刚宰杀的动物做祭品，其他人家的祭祀只能用普通祭品。"

丰卷很生气，从子产那里出来后，立即召集人众，准备攻击子产。子产打算躲到晋国去。子皮劝住了他，并且利用自己的影响对丰卷施加压力。丰卷逃亡晋国。

子产请求国君保留丰卷的田产家宅。3年后，丰卷回到郑国，子产把他的财产全部归还给他，其中还包括农田中3年的收获。

子产执政第一个年头，大家念诵歌谣说："这个子产呀，夺去我的衣帽藏起来，夺取我的田地重安排，谁去杀子产，我在后面跟上来！"到了子产执政的第三年，歌谣的词句变成："我家有子弟，子产来教诲。我家有田土，子产来增产。要是子产死，谁能接他班？"

子产是春秋晚期著名政治家，他从整顿礼制、推行法制入手，执政具有从严的特点。所以当丰卷提出要用鲜活动物做祭品时，被他一口否决了。然而，他并非一味地严，严的下面是宽，而这种宽却不是权宜之计，而是同情，具有仁爱的性质。孔子对子产评价很高，说他具有君子的德行，是施惠于人的人，在《左传》中更是说他是仁人。

在孔子眼中，缺乏情感关怀是统治者的一个致命缺陷。他说："居上不宽，为礼不敬，临丧不哀，吾何以观之哉？"意思是，处于上位却不宽容，举行礼事却不恭敬，参加丧事却不悲哀，这样的人还有什么可看呢？

另一个懂得道德教化、人情关怀的人是梅考克。

梅考克是美国国际农机商用公司的董事长，历经几十年的商海沉浮，最终站稳脚跟，并保持公司业绩蒸蒸日上，他有一句名言：管理是一种严肃的爱。

首先，对员工的管理是基于爱心。员工不是单纯的创造利润的机器，他们同样是情感丰富的血肉之躯。抱着爱人之心去管理，真正想员工之所想，才是真正的管理者。其次，爱心并不是一味的无条件的爱心，而是有原则的。对违反公司制度层面的事件决不姑息，这样才能处理好公司整体利益和员工个人利益之间的关系，使两者处在同一轨道上前进。

梅考克的公司有一条规定，不准员工酗酒闹事、迟到早退，情节严重者予以开除。有一次，一位上了年纪的老员工触犯了这条规定。这位老员工在梅考克创业之始就在公司工作，在公司负债累累、连续几个月发不下工资的困难时期，坚持没有离开，而是与梅考克患难与共。立下汗马功劳或者是即使没有功劳也有苦劳的老员工违反公司制度,而且只是这么一点“小小的”错误，如何处理，是否能网开一面？梅考克在管理人员递交的对老员工的开除决定上毫不犹豫地签上字。老员工当然愤愤不平。在事后，梅考克经过调查得知，这个老员工是在家庭发生变故之时，借酒消愁，才会违反公司的规定。于是梅考克找到老员工，亲自交给他一笔钱，嘱咐他安心照料自己的家庭，不用担心自己的未来。老员工还以为梅考克要撤除对自己的处分、恢复自己的原职，可是梅考克并没有这么做。老员工也了解公司的规定与梅考克的为人，所以最终接受对自己的处分。但意想不到的是，不久之后梅考克竟将老员工安排到了自己的牧场里做管家。

在这件事情的处理上，梅考克的观点很明确：不管过去功劳如何，只要违反现在的规定，就要按规定进行处罚。但与单纯的处罚所不同的是，在冰冷的制度背后，梅考克并没有放弃对员工的关怀，而是以另外的形式给予员工额外的帮助。这种公私分明但又合乎人情伦理的管理就是梅考克的管理艺术。

很多时候人情并不能被制度很好地容纳或接收，而每个人身上又都同时存在着情、理、法诸多复杂的关系，如何有机地协调、统一、梳理这些关系，对于一个只依赖于权威的领导者来说是没有必要的，但对于一个追求人心向背的领导，其重要性就不言而喻了。

分工要明确

原典

子曰："不在其位，不谋其政。"

意译

孔子说："不处在那个职位上，就不要谋划那个职位上的事务。"

处世智慧

由于社会分工，以及每个人自己的能力、职务等诸多原因，每个人都有较为稳定的位置及身份。"在其位，尽其事"这一点针对在具体位置的员工、个人，注重的是本职工作的完成，是个人责任心的体现；针对管理者，则是管理手段、管理艺术的体现。

有一回，汉文帝问右丞相周勃："天下一年有多少诉讼案件？"周勃答不出来。汉文帝又问周勃："天下一年收支多少？"周勃还是答不出来，连续一问三不知，周勃吓得冷汗直流。汉文帝回过头问左丞相陈平。陈平答说："每件事都有主管官员。

如果问司法案件，找廷尉；问钱粮，找治粟内史。”文帝不怎么高兴，质问陈平：“如果各有官员负责，那么你这丞相要管什么呢？”陈平回答：“管大臣啊！”

陈平答得爽快，身为宰相，不该样样琐事都管，宰相的责任是辅佐皇帝，协调管理各部门官员，使他们发挥所长，尽其本分。文帝很满意陈平的说辞，而周勃相形见绌，自知不如，不久便退职，陈平成为唯一的丞相。

再来看一个例子，诸葛亮作为蜀国的丞相，是出名的事必躬亲。为这事，他手下一个官员还给他上过“政治课”——杨颙当时担任丞相主簿，跟在诸葛亮身边，看到诸葛亮日理万机，大热天还要亲自校阅公文，汗流浃背，不得休息，抢了许多下级官员该干的差事，很担心诸葛亮累坏身子。他就说：“治国和治家一样，有一定的体制，一定的分工。以治家为例，奴仆耕种，婢女下厨，鸡管鸣晓，犬管防盗，牛只负载，马匹跑路，各司其事，条理分明，主人高枕，安心吃住。如果事事亲自掌理，不再分派，只会弄得筋疲力尽，终无一成。”杨颙接着又说：“难道那主人的才智不如奴婢鸡犬？不，是他失去了做主人的章法。”杨颙说得没错，在上者降尊抢了下面执行的工作，或者在下者越位抢了上面决策的工作，都是错误的做法，其结果都不会太好。

另一个明晓分工艺术的宰相是汉宣帝时的丙吉。

有一天，丙吉外出办事。在路上遇到民众群殴，死伤多人，丙吉视而不见，过而不问。没多久，遇到有人赶牛，牛吐舌急喘。丙吉见到，赶紧停下来，问赶牛的人，这头牛到底走了几里路。

随行官员很纳闷，认为丙吉对出了人命的事件不管，却关心起一头牛来，该问的不问，却问不该问的，不太应该。丙吉解释道：“人民械斗，是长安令、京兆尹的责任。而今刚过初春，天气还不很热，牛才走几步路竟然气喘不停，可能是气节失调的征兆。三公的职责是调和阴阳，我因职权所在，引以为忧，所以要问清楚。”

是呀，丙吉如果在当时管理了械斗事件，岂不等于向人们宣布京兆尹失职了吗？街头发生了这么大的事件你京兆尹因失察或失职不管，宰相去管，这也等于在责难京兆尹一样。“不在其位，不谋其政”。宰相无故插手京兆尹的分内事，想来京兆尹也是不乐意的，其结果往往就是费力不讨好。

现实生活中，处处有分工，我们也需要多提醒自己不要过度越界。领导不要代替下属去做细活，家长不要代替孩子去规划他们自己的未来，情侣不能代替彼此去完成对方的工作……唯有坚守好自己的岗位，每个人都将自己做好了，整体的国家、企业、家庭才可能越来越好。

员工福利要到位

原典

子谓子产："有君子之道四焉：其行己也恭，其事上也敬，其养民也惠，其使民也义。"

意译

孔子评论子产说："他有四种美德符合君子德行——他自我修养极其谦恭，他侍奉君主谨慎恭敬，他抚养百姓多用恩惠，他役使百姓合乎道义。"

处世智慧

孔子曾评价子产为"惠人","惠人"也就是给人以恩惠的人，孔子认为，在子产的治理下，老百姓都得到了实惠，故对子产有这样的评价。孔子说,君子之道四,这里我们主要讨论的是"其养民也惠"。治理国家，君主需要体恤百姓；而管理企业，领导也需要善待下属。

日本文化与中国文化的承继渊源有目共睹。许多当代日本名流都受儒家等中国传统思想影响，如日本的西武集团老板堤义明就非常推崇荀子。众多学者在研究日本企业时，都认为“以人为中心”是日本企业文化的一个重要组成部分。在这方面，日本的三得利公司为我们提供一个很好的例证。

《论语 · 尧曰》中论及治国：“所重民，食丧祭。”日本原来与中国一样偏重于农耕，社会结构亦与此相应，非常注重家族的生老病死与繁衍生息。家庭、丧祭，这些看来跟公司毫无关系的因素，对于个体来说却至关重要。处理得好，会给员工以莫大安慰；处理不好，会直接影响员工精神状态，从而间接影响到公司的运作。三得利公司老板鸟井信治郎就深谙此道，他对员工的悉心照顾和人文关怀将公司的员工紧紧吸引在自己周围，为公司的发展竭尽全力。

三得利公司创业之初，条件较差，员工所住的房间经常有臭虫出没，严重影响员工休息。有一天，鸟井信治郎听到员工的抱怨，就于当天深夜牺牲自己的睡眠时间，手持蜡烛，轻手轻脚地到员工的休息室去抓臭虫。这幅画面被一位醒来的员工看到，传开之后，大家都深受感动，工作积极性空前高涨，再无人抱怨恶劣的环境。这种为公司、为员工“劳而不怨”的态度是鸟井信治郎将公司员工团结在自己周围的重要原因之一。

有一位名为作田的员工，他的父亲去世时，他没有说出来，不愿意惊动太多的人。但在举行葬礼那一天，他却惊讶地发现，岛井信治郎率领公司员工来为他的父亲举办葬礼，鸟井信治郎本人还站在签到簿前，亲自向各位来宾鞠躬致谢。这一点让作田不由得热泪盈眶，暗中发誓要永远效忠于三得利公司。不摆架子，与员工共欢喜、同悲愁，将自己视为员工中的一员，真心地想其所想，这也是信治郎的领导魅力所在。

鸟井信治郎对待员工从不苛刻，而是一有功劳便给予奖励。

员工就算是犯错误，改正后也会受到他的奖励。信治郎不光关心爱护自己的员工，同时也注意到员工背后的家人。在他给员工发奖金的时候，往往会给员工一份意外的惊喜——一份给员工母亲的礼物，有家室者还会得到一份给孩子的礼物。

这些看起来不起眼的礼物充满浓浓爱意，又怎能让员工不感动呢？小小的礼物让员工感受到自己的存在及重要性，充分激发员工的贡献意识，稳固提升其对公司的忠诚度，以最小的经济投入换回最大的利润回报。

人心都是肉长的，人与人之间的感情是相通的。领导对员工的“惠”、福利到位了，用心了，员工自会感觉得到，进而用更积极的工作回报领导。这样的管理更有人情味，也更温暖人心，牢固人心。

子帅以正，孰敢不正

原典

子曰：“其身正，不令而行；其身不正，虽令不从。”

季康子患盗，问于孔子。孔子对曰：“苟子之不欲，虽赏之不窃。”

意译

孔子说：“统治者自身正直，即使不发布命令，老百姓也自然会执行；统治者自身行为不正，即使发号施令，老百姓也不会服从。”

季康子担忧盗窃盛行，便向孔子求教治理的办法。孔子回答说：“假如你自己不贪图财利，那么即使你进行奖励，也不会有人去做偷窃之事。”

处世智慧

鲁国闹盗贼，执政大夫季康子找到孔子，请教对付盗贼的办法。孔子说：“苟子之不欲，虽赏之不窃。”如果您自己不贪图钱财，就是奖赏盗窃行为，也没人去当盗贼。

不久，季康子又找到孔子讨论为政问题。他问："假如我通过杀掉那些不讲道义的家伙来端正社会风气，您认为如何？"孔子摇摇头，说："您治理国家，为什么一定非用杀人的办法呢？您有心为善，百姓就会跟着做好事。执政者的言行举止就像是风，老百姓的表现就像是草，风吹过来，草一定顺着倒下去。"

上述两例可以用一句话来概括："其身正，不令而行；其身不正，虽令不从。"统治者自身行为端正，即使不下命令，民众也会走上正道；统治者自身行为不端正，即使喊破了嗓子，也没人照着做。俗话说"上梁不正下梁歪"，就是这个道理。因此，儒家一向提倡先修身再治国，要管理好别人，先端正自己。

宋代名臣包拯，一生为官清廉、大公无私，被老百姓称为"包青天"。但是宋朝不像现在的法制社会，虽有监督机制却形同虚设，官场上的蝇营狗苟之事层出不穷。加上中国有重礼仪和重人情的传统，所以官场上的礼尚往来极其平常。

但包公严于律己，从不收受人情礼物。北宋仁宗康定元年（公元 1040 年），包公任端州（今广东肇庆市）知州，端砚享誉天下，文人墨客视为至宝，朝廷列为"贡品"。到任后，他听砚工反映，往年州县官吏，往往在贡砚之外加征端砚，用来贿赂朝廷权贵。广大砚工不堪重负，有苦难言。包公决心兴利除弊。他严令各地州县官吏收"贡砚"时不准加码，违者严惩不贷。包公以身作则，在任期间不曾用过一台端砚，离任时老百姓为表示感谢，偷偷在船头放一砚，包公发现之后将其送回。

包拯不仅不收受老百姓和求他办事者的礼物，还以身作则开官场廉政新风，这也是他铁面无私的保证，他不收礼，所以不循任何人的私情。据史书记载，他 60 岁生日时，皇上念其为朝廷出力，日夜操劳，要为他做寿，作为臣子的他只好遵命，但他吩咐儿子包贵概不收礼。可没想到第一份贺礼就是皇上送的，这下包贵不知所措，皇礼不敢不收，父命又不能违背。万般无奈，只好请皇宫的太监写明送礼理由，太监当即作诗一首："德高望重一品卿，日夜操劳似魏征，今日皇上把礼送，拒礼门外礼不通。"包公看后也当即回写一首："铁面无私丹心忠，为官最怕叨念功，操劳本是分内事，拒礼为开廉洁风。"最后还是没有收下皇礼。皇上看到包拯的回诗，感慨万端，遂将其宣读于文武百官，一时官场风气大变，皇亲国戚不敢再胡作非为，贪赃枉法者也再不敢猖獗。

在企业管理中，也是如此。一种管理模式能否有效运行，与管理者本身的言行有很大关系。管理者以身作则，员工自然心悦诚服，企业的凝聚力、向心力都会增加。

金鱼缸一般都是透明的玻璃器皿，人们可以从各个角度一目了然地观察到玻璃缸中金鱼的活动情况。"金鱼缸"式管理方法，其实就是一种透明的管理方式。这种管理方式是日本最佳电器株式会社社长北田光男精心创造的。

北田光男建立这个管理方式有两个目的，一是要求从总经理到每位员工，人人注重节俭而操守清廉。他认为管理一个企业就像喂金鱼缸里的鱼一样，要注意量的把握，一次不能喂太多，不然金鱼不能消化。二是增加企业管理的透明度，重点放在公开各级经营管理者的金钱收入上。企业领导者的收入和费用报销都以各种公开方式向职员展示，职工对企业领导者的开销进行监督。

北田光男作为公司管理者，以身作则，从不揩公司的油。他每星期和其他员工一样工作6天，周日也很少出去玩。他自己的娱乐，每年只有一次，即利用年假陪妻子到世界各地旅行，但是一切费用绝不用公款，全部自费。北田光男曾经公开说过：“员工们的眼睛是雪亮的。当老板的人，一举一动，员工们都看在眼里。你如果用公司的钱花天酒地，员工知道后，就一定会瞧不起你。在这种情况下，你还能要求他们努力工作、操守清廉吗？那是绝对办不到的。”

这种鱼缸式的透明管理制度，对企业的管理者也是一个有效的监督机制。职员可以从这个透明的鱼缸中看到经营管理者的开销，使得管理者不敢假公济私，同时职员对经营管理者的开销做到心中有数，也能使得他们对公司的管理更加信赖，同时也促使他们更好地为公司积极服务。

所以说，群众的眼睛是雪亮的，为上不尊，下边自然容易乱套。想要下属、群众行正道，为上者必先作出表率，上行下效，即使管理者不天天号召，下边人自然也会去践行。

领导不等于专家

原典

樊迟请学稼，子曰："吾不如老农。"请学为圃。曰："吾不如老圃。"樊迟出。子曰："小人哉，樊须也！上好礼，则民莫敢不敬；上好义，则民莫敢不服；上好信，则民莫敢不用情。夫如是，则四方之民，襁负其子而至矣。焉用稼？"

意译

樊迟向孔子请教如何种庄稼。孔子说："我不如种地的老农。"樊迟又请教孔子如何种菜。孔子说："我不如种菜的菜农。"樊迟退出以后。孔子说："樊迟真是个胸无大志的人啊！居于上位的人提倡礼仪，老百姓就没有敢不恭敬的；在上位的人倡导正义，老百姓就没有敢违抗而不服从的；在上位的人重视诚信，老百姓就没有敢不诚实的。要是能够做到这样，那么四面八方的老百姓自然会背着他们的小孩来投奔，哪里用得着自己去种庄稼呢？"

处世智慧

儒家主要教人以君子之道，学而优则仕，学习好了然后出去当官。所以孔子对樊迟的问题表现出了不屑的态度。樊迟的错误不在于他对农业感兴趣，而是错在一个将当领导作为目标的人对农业感兴趣。对于领导者，大致知道农业的地位、重要性就可以了，实在不必在细枝末节上下工夫。领导是能协调各种机要关键的人，而不是某一领域的专家。历史上，大凡在某些领域有杰出成就的皇帝，基本上都没有一个好结果。

明朝的熹宗皇帝朱由校就是历史上有名的木匠皇帝，在这方面熹宗可谓是天才。当时工匠们造出来的床都极为笨重，要十几个人才能搬动，还很费原料，样式也极普通。熹宗就自己琢磨，亲自设计图样，动手锯木钉板，立刻就做出一张新床。这床极其精巧，床架上镂刻着各种花纹，床板还能折叠，便于移动携带。皇帝的新设计一出，连那些老工匠都赞叹不已。

熹宗还喜欢用木头做出各式各样的小玩具。他曾经雕刻过很多栩栩如生的小木头人，五官四肢，无不具备，男女老少，神态各异。他还能做漆工的活儿，就给这些木头人涂上五色油漆，更是显得彩画如生了。他派内监拿到市面上去出售，市人都以重价购买，更令皇帝兴奋不已，信心十足，从此干得更欢了。皇帝对木工活儿精益求精，还有更加精巧的“作品”。他曾在庭院中仿照乾清宫的样式，建造了一座小宫殿，高不过三四尺，曲折微妙，巧夺天工。又曾做沉香假山一座，其中池台林馆无不具备，雕琢细致，堪称一绝。他不光做模型，还把这份天分用在真正的宫殿建造上，天启五年（公元 1625 年）到天启七年（公元 1627 年），朝廷对中极殿、皇极殿和建极殿进行了规模巨大的重造工程。从起柱、上梁到插剑悬牌，整个工程中皇帝都亲临现场，对宫殿的修建提出了不少意见。他的雕镂技术也不差，曾经做过十座灯屏，上面雕刻着“寒雀争梅图”，细致精巧，形象逼真。他还会刻印，曾经给奶妈客氏和她的“对食”魏忠贤各做过重300两的金印，一个的印文是“钦赐奉圣夫人客氏印”，另一个是“钦赐顾命元臣忠贤印”。

他曾经设计过一个精致的喷泉。用大铜缸盛满水，在缸底凿洞并设置机关。机关一开动，水就喷了出来。先是倾泻如瀑布，接着散落似飞雪，最后则拥起一股高高的水流，笔直而上，有如一股玉柱。这时，事先藏在缸底的许多镀金木球也翻滚而出，拥上水柱的顶端，盘旋上下，好长时间都不落下。皇帝经常和嫔妃们一起欣赏，到了精妙之处就喝彩不已。他还设计过精巧的“水傀儡”。其实就是由艺人直接操纵木偶在水面上表演故事的木偶戏。当时这些偶人已经雕刻得十分精巧细致，表演也十分繁复，但皇帝还要精益求精，又对之加以改进。他亲自雕刻大约二尺高的彩画木像男女，神态不一，都是只有双臂而无腿足，在木人底部安置一个机关，用长约三尺的竹板作支撑。有了“演员”，就要设计“舞台”。他又用大木头凿钉成一个长宽各一丈的方木池，里面的水灌到七分满，还在水中放上鱼、虾、蟹，让它们游来游去。又放进水草，使之浮在水面上。接着在这个木头池子下面放上凳子支起来，周围用纱围成屏幕，就成了水傀儡的戏台。

假如抛开皇帝的身份，朱由校简直可以算是一个木工天才，但不幸的命运偏偏把他安放在了皇位上。当时外有金兵侵扰，内有明末起义，正是国难当头、内忧外患的时期。身为皇帝却不务正业，不听先贤教诲去“祖法尧舜，宪章文武”，而是对木匠活有着浓厚的兴趣，整天与斧子、锯子、刨子打交道，只知道制作木器、盖小宫殿，将国家大事抛在脑后不顾。其在位期间纵容奶娘客氏，重用客氏相好的宦官魏忠贤，任他二人胡作非为，在朝则陷害忠良，在后宫则荼毒妃嫔，而不加规制。魏忠贤遍树党羽，排斥异己，杨涟、左光斗等皆惨死于其手，而熹宗丝毫不觉，连高官杨涟被害多日，都不知道他已死。

一个人的精力是有限的，孔子做事的经验，就是居敬行简，抓大放小。抓住根本就可省却很多精力。尤其作为管理人员，要善于发挥下属的潜力，与其让自己变成专家，不如将下属培养为相应领域里的能兵用将，自己则稳坐统帅之位，负责好调兵遣将、战略部署即可。

第七章

君子爱财，取之有道

不义之财如浮云

原典

子曰："饭疏食饮水，曲肱而枕之，乐亦在其中矣。不义而富且贵，于我如浮云。"

意译

孔子说："吃的是粗粮，喝的是白水，弯着胳膊当枕头，乐趣也就在其中了。用不正当的手段得来的富贵，在我看来就像是天上的浮云一样虚渺啊。"

处世智慧

曾参穿着破衣服耕种。鲁国国君派人去送给他一座城，说："请你以它来修补你的衣服吧。"

曾参没有接受。鲁国国君不死心，又派人来，曾参还是不肯接受。如此往返几次，使者都无功而返。

最后一次，使者问曾参："土地不是您向别人索要的，而是人家主动送给您的，为什么不接受呢？"

曾参说："我听说，接受别人的东西，就会畏惧人家；给予别人东西，就会傲视人家。国君送我土地，即使他不傲视我，但我能不因此而畏惧吗？”

曾参终于没有接受馈赠。

孔子听说了这件事，说：“曾参说的这番话，足以保全他的节操了。”

曾子，名参，春秋末期著名思想家、教育家，鲁国人，16岁拜孔子为师，勤奋好学，颇得孔子真传。一生积极实践和推行以仁孝为核心的儒家主张，传播儒家思想。以上曾子的做法以及孔子的赞同足以表现出儒家对待财富的态度——无功不受禄。不符合道义的财富，不是自己付出所得的东西坚决不受。

这种做法一直为儒家学者所坚持，到战国时的孟子仍是如此。

战国时代，孟子名气很大，府上每天都是宾客盈门，其中大多是慕名而来、求学问道的人。

这一天，接连来了两位神秘人物，一位是齐王的使者，一位是薛国的使者。对于这样的人物，孟子自然是不敢怠慢，小心周到地接待了他们。

齐王的使者给孟子带来赤金100两，说是齐王所赠的一点小意思。孟子见其没有下文，坚决拒绝了齐王的馈赠，使者也灰溜溜地走了。不多一会儿，薛国的使者求见，并给孟子带来了50两金子，说是薛王的一点心意，感谢孟子在薛国发生兵难的时候帮了大忙。孟子吩咐手下人把金子收下了。

对此，孟子左右的人都十分奇怪，孟子的朋友陈臻对这件事大惑不解，他问孟子：“齐王送你那么多金子，你不肯收；薛国才送了齐国的一半，你却接受了。如果你刚才不接受是对的话，那么现在接受就是错了？如果你刚才不接受是错的话，那么现在接受就是对了？”

孟子看了看一脸茫然的陈臻，笑着对他说：“都对。在薛国的时候，我帮了他们的忙，为他们出谋设防，终于平息了一场战争。我也算个有功之人，为什么不应该受到物质奖励呢？而齐国人平白无故给我那么多金子，是有心收买我。君子是不可以用金钱收买的，我怎么能收他们的贿赂呢？”

孟子的话已经说得很明白。

据载，类似的事情在孔子身上也发生过。孔子去见齐国国君齐景公，齐景公把廪丘（今山东省郓城县西北）那个地方赐给他。被孔子谢绝了。孔子出来后对弟子们说：“我听说君子应该凭借功绩接受俸禄。今天我刚刚向齐君提出建议，他还来不及实行，就把廪丘赐给我，他太不了解我的为人了！”于是立即离开了齐国。

孔子对学生说的话与曾参对使者说的话，意思是一样的，就是“无功不受禄”，所谓的“君子爱财，取之有道”。

什么叫取之有道？就是通过做事来得到属于你的那一份，相当于我们常说的勤劳致富。孔子这样说：“耕也馁在其中矣，学也禄在其中矣。”馁，即食物，食物在勤劳耕作中，俸禄在勤奋学习中。孔子还说：“事君敬其事而后其食。”出去做官，最当紧的是把事情做好，然后再考虑利益。

要做到这一点，最重要的就是控制自己的欲望。一次，孔子说：“我还没有见过刚强的人。”有人接道：“您的学生申枨不就是一位吗？”孔子说：“枨也欲，焉得刚？”申枨的欲望并不少，怎么能够做到刚强？后人将这句话概括为无欲则刚。无欲并不是没有欲望，而是能够把欲望限制在道义之内。

除此之外，儒家还强调做事的过程中要守规矩。《左传》这样说："信载义而行之为利。"要获得利益必须做事，而做事就要信守诺言，承诺不是随便说出口的，一定要依据道义，这样，事情才能成功，利益也才能实现。

人们把遵循道义来做事叫作正当途径，把通过正当途径挣到的钱叫作干净钱。

鲁国有人在其他诸侯国给人当奴仆。鲁国法律规定，凡是有人用钱将他们赎回来的，可以从国库里领取费用。

孔子的学生子贡是个巨商，走的地方多，而且很富有，他从别国赎回了鲁国人，但却再三辞让，不肯从国库中取钱。孔子听说了这件事，叫着子贡的名字发表意见说："赐的做法有过失，从今往后，鲁国不会再有人去赎人了。"接受国库的钱，对人的品行并无损害；不接受国库的钱，反倒造成了没有人去赎人的后果。

孔子的另一个学生子路，勇敢而仗义，他跳到水里救起一个落水的人，那个人送给他一头牛报答救命之恩，子路收下了。孔子听说了这件事，评论道："鲁国人一定会去解救落水的人。"

孔子的见解之所以如此透彻，是因为他的目光远大。故事中的子贡看上去很高尚，其实不然，他是用财富来猎取名声，是用一种利益换取另一种利益，完全不考虑别人的感受和社会风尚，并不符合道义：其他的鲁国人要去赎人，则面临两难的选择——若从国库中领取费用，则显得自己没有子贡"高尚"；若不从国库中领取费用，则自己的利益受损。这样一来，最佳选择就是不赎人。因此，子贡这样的"高尚"不能倡导。

俗话说："消财免灾。"但如果把这句话反过来讲，也是有其一定的道理的，那就是：贪财招祸。所以，对于那些爱财的人来说，越是大利在前，越应该小心谨慎。因为大利背后可能隐藏着巨大的陷阱，一不留神，你就会上当受骗。为了避免上当，就必须要时时提高警惕，尤其是面对诱惑的时候。

我们也可以把“君子爱财，取之有道”理解为这样两个含义：一是有形之道，一是无形之道。

所谓有形之道，就是指法律、规范及制度等，只有合法才不会被绳之以法。在积累财富的过程中，宁可耐心地从小钱赚起，也不应妄想一夜暴富。只有劳动、知识、智慧，才能构成财富的大厦；懒惰、无知、贪婪，则是引致死亡的深渊。君子爱财，一定取之有道，这样的钱财，使人高枕无忧。不义之财得到越多死亡越快，而且馅饼不会从天上掉下来！切莫学“人为财死，鸟为食亡”。

所谓无形之道，即道德、良心。它要求所有的钱都必须来得正，必须是正当利润。在打算做一件事情的时候，一定要想一想，自己做的这件事有没有偏离道德范畴。有偏离，哪怕一点点都不要去做。只有赚钱时心里干净，花钱时心里才能清静。要知道，人在意诚时心才会正，才会让自己的一切获利手法符合道德规范的约束，使自己养成遵守道德规范的习惯，并谨慎自己行为中涉及的种种道德问题。

然而，有的人则不同。他们反其道而行之，无德无道无良知，只要能弄到钱，就不怕做小人。有的当权者以权谋私，中饱私囊；有的经商者以次充好、以假乱真……凡此种种，无一不是丧失良知的表现，自然，也肯定会受到道德的谴责和法律的制裁。

要聚财，更要聚德，就一定要遵循“君子爱财，取之有道”的原则，聚来的才是干净财，才是良心财，才是清白财，用的时候才会放心、舒心。

君子贫而乐，富而好礼

原典

子贡曰："贫而无谄，富而无骄。何如？"子曰："可也。未若贫而乐，富而好礼者也。"

卫灵公问陈于孔子。孔子对曰："俎豆之事，则尝闻之矣；军旅之事，未之学也。"明日遂行。在陈绝粮，从者病，莫能兴。子路愠见曰："君子亦有穷乎？"子曰："君子固穷，小人穷斯滥矣。"

意译

子贡说："贫穷却不谄媚，富有却不骄傲自大，怎么样？"孔子说："可以。但是不如安于贫穷而以恪守道德为乐，身处富裕而又谦逊有礼的人好啊。"

处世智慧

孔子周游列国，被围困在陈和蔡两地之间，7天吃不上粮食，以野菜充饥。屋里，孔子在弹琴唱歌。屋外，宰予垂头丧气地坐在地上，颜回则闷头择野菜，子路与子贡在发牢骚。他俩对颜回说："夫子被鲁国国君驱逐，被卫国国君罢黜，在宋国遭到追杀，如今又被围困在这个鬼地方。可以说，谋杀夫子不算犯罪，欺辱夫子不算犯法。然而夫子却浑然不觉，弹琴唱歌，自享其乐。难道君子不知羞耻竟然到了如此地步吗？"颜回无法回答，进屋去问孔子。

孔子很不高兴，推开琴，叹息着说："子路和子贡真是小人啊！把他们叫进来，我有话说。"

进屋后，子贡先说："像现在这样子，可以说是穷困了。"

孔子听后说道："这是什么话？通达和穷困是对'道'而言的，君子坚守着'道'叫通达，离弃'道'叫作穷困。如今我抱定仁义的宗旨，没有一点疑惑，却遇上了乱世，受到阻碍是再正常不过的，怎么叫穷困？经常内省就不会愧疚于道，直面困难就不会有损于德，寒风骤起、霜雪降临，我由此知道松柏的风骨。从前，齐桓公受困于莒国，晋文公受辱于曹国，越王勾践受制于会稽，他们都因此而志向愈坚，陈、蔡之难对我来说，也可能是幸运吧！"

说到这儿，孔子威严地重新拿起琴，奏起乐曲，子路雄赳赳地舞动盾牌跳起舞来。子贡惭愧地说："我真是不知道天有多高，地有多低啊。"

古时候那些得道之人，失意的时候也快乐，得意的时候也快乐，他们的快乐不在于得失，而在于志向系于道义，所以失意与得意并没有什么区别，就跟寒暑风雨轮流交替一样。

孔子评价颜回说："贤哉回也！一箪食，一瓢饮，在陋巷，人不堪其忧，回也不改其乐。贤哉回也！"孔子称赞颜回贤良，虽然他的吃喝只是一小竹篮饭，一瓢水，居住的地方在破旧的巷子里，别人难以忍受这种低质量的生活，他却不改变自己的快乐。为此孔子再次称赞，颜回的德行真好呀！为什么孔子会反复称赞颜回呢？就因为颜回不仅能做到贫而无谄，更做到了贫而乐。把物质生活的困顿看成平常之境处之，在什么样的境况都能保持快乐的心态，这才是生活的智慧。

孔子的大弟子颜回这样，孔子本人自然也如此。

一次，楚国的叶公向子路询问孔子是一个怎样的人。子路没有回答。孔子知道后对子路说："女奚不曰，'其为人也，发愤忘食，乐以忘忧，不知老之将至，云尔。"这是孔子对自己生活态度的概括。一是勤奋，用起功来经常忘了吃饭；二是乐观向上，快乐起来忘记了烦恼。既勤奋又快乐，以至于连自己的生命走向衰老都没有察觉。

颜回生活困难，孔子命运多舛，日子都不舒心，但他们并不在意，保持着乐观的人生态度。辜鸿铭在《中国人的精神》一书中提出："中国人最优秀的特质是他们过着心灵的生活，他将成年人的智慧与孩子般的纯真完美地融合在一起，像孩子一样生活时，却具有其他任何处于初级阶段的民族所没有的思想与理性的力量。"

这种心灵生活的关照，使得人不管是在贫贱的处境，还是在富贵的位置，都将道义礼法摆在生活的重要位置。道义是他们生活的主旋律，心思都集中在"道"上面，其他方面自然也就不会去计较了。

君子周急不继富

原典

子曰："君子周急不继富。"

意译

孔子说："君子帮助人，是为了帮助人摆脱急难，而不是让人富上加富。"

处世智慧

子华出使齐国，冉有向孔子为他母亲请求一些小米。孔子说："就给六斗四升吧。"冉有请求增多一些。孔子说："那就给16斗吧。"冉有实际上给了80斛（800斗）。孔子说："公西赤到齐国去，乘坐着肥马驾的车子，穿着又轻软又贵重的皮袍。我听古人说，君子只救济那些急需的人，而不会救济富有的人。"子华是孔子的学生，姓公西，名赤，又称公西华，鲁国人，比孔子小42岁。孔子认为，子华代表国家出使别国，行使公务，肯定已经从国家方面获得了可观的报酬，有能力安顿好老母亲，所以实在没必要再去锦上添花了。

正所谓，雪中送炭见真情，锦上添花不足贵。孔子主张周急不继富，能够在别人危难的时候挺身而出，雪中送炭，这才是真正的君子作风。

秦朝末年，有个叱咤风云的人物，他便是帮助汉高祖夺得天下的大将韩信。韩信是淮阴人，年少丧父，家境贫穷，他既不会种田做买卖，又不能去当官，只能过着游荡的生活。为了填饱肚子，不得不常借故到别人家里去吃饭。

不久，他的母亲也去世了。母亲死后，韩信更是游手好闲，四处游荡。有个亭长与他有过往来，他便常常到这个亭长家里去吃饭。亭长的妻子见他常来白吃很不高兴。有一次故意一清早便做好饭，早早就吃完了。韩信来了好长时间也不见亭长家吃饭，知道人家不愿留自己吃饭，就愤然离去，发誓再也不去亭长家里了。

韩信经常饿着肚子，为了能填饱肚子，只好常常到淮阴城下的河边去钓鱼。河边有几个老婆婆常在那里靠替别人洗衣服为生，日子久了，其中一个看韩信落魄无助，很同情他，就把家人送来的午饭分了点给韩信吃。韩信饥不择食，接过来便狼吞虎咽地吃了起来。从此，那洗衣婆婆每次都分饭给韩信吃。

一次，韩信吃过饭之后，向洗衣婆婆深深施了一礼，激动地说："承老大娘这般厚待，我永生难忘，将来我得了志，会报答您老人家的！"

洗衣婆婆听了，责怪韩信说："男子汉大丈夫说这种话干什么！我看你相貌堂堂，不忍心看你挨饿，才给你吃点饭，哪里想到要你报答！"说罢，拿着洗好的衣服回去了。

望着老婆婆的背影，韩信暗下决心，有朝一日发迹了，一定要实现今天的诺言，重重报答这位老人家。

韩信后来受汉高祖刘邦赏识，被拜为大将，在楚汉战争中为汉高祖立下赫赫战功，与张良、萧何被合称为“汉初三杰”。韩信替汉王立了不少功劳，被封为楚王。楚地本是韩信的故乡，他想起从前曾受过洗衣婆婆的恩惠，就设法找到了她，对她谢了又谢，送给她千金作为报答。老婆婆并不图这些钱，但推辞不得，只好领谢而去。接着，他又派人把那个亭长找来赏给他一百小钱，并说：“你是个小人，没将好事做到底。”

引用这个故事不是为了说明善举有善报，而是从中能看出雪中送炭的易与不易。说容易，不过每天分一点饭；说不易，是指救助贫苦者这件事本身很难看到长远的利益报酬，在回报无限渺茫的情况下还能始终坚持去帮助他人，这是一件非常不容易的事。这也是为什么社会上总是不愁锦上添花的人的原因，帮助地位显赫、荣获大奖者，相比较而言总是有利可图的。纵使得不到直接利益，结交上了显贵也算是一种人脉资本了。而从古到今，也不缺乏冉有一类的人。

冉有似乎特别喜欢干“继富”这样的事情。他后来当了季康子的家臣，季康子是当时鲁国的执政官。季氏家族非常富有，但冉有依然帮助敛财。孔子对冉有的做法十分不满，说：“非吾徒也。小子鸣鼓而攻之可也。”不但表示不承认冉有是自己的学生，而且还让其他同学敲锣打鼓地去声讨冉有，大有将冉有逐出师门之意。

其实，孔子在对待财物上，一向是不小气的。比如，孔子的一个朋友死了，家里没钱安葬，孔子就仗义地站出来，说：“于我殡。”我来出钱安葬。有朋友到鲁国来，怕没地方住，孔子就说：“生于乎我馆，死于乎我殡。”意思是，您尽管来。来到鲁国，我提供住处；即便您不幸去了，我也会出钱好好安葬。后面一句虽带有调侃，但孔子对穷哥们儿的那份深情溢于言表。孔子担任鲁司寇时，出身贫寒的原思做孔子家的总管，孔子给他 900 斗谷子（一说 900 斛，即 9000 斗）做薪资，原思推辞，孔子说不必推辞，拿给你家乡的人吧。可见孔子在花钱方面绝不吝啬，只是依原则行事。

赚钱时坚守怎样的底线，花钱时秉承什么准则，这两条加在一起就构成了一个人的财富观。综合起来看，孔子赚钱的底线，是“不义而富且贵，富贵于我如浮云”，坚决不赚不义之财；而花钱的原则则是“君子周急不继富”，愿意“雪中送炭”，而不喜欢“锦上添花”。

富不可求，听从自己的爱好

原典

子曰："富而可求也，虽执鞭之士，吾亦为之；如不可求，从吾所好。"

意译

孔子说："如果财富是可以求得的，即使是给人执鞭这样的下等差事，我也愿意做。如果富贵是不可求得的，那我宁愿舍弃它去做我所喜欢的事情。"

处世智慧

孔子在这里说的是富贵与道的关系问题。只要合乎于道，富贵就可以去追求；不合乎于道，富贵就不能去追求。那么，他就去做自己喜欢做的事情。从此处可以看到，孔子不反对做官，不反对发财，但必须符合于道，这是原则问题，孔子表明自己不会违背原则去追求富贵荣华。如果靠勤劳和智慧都无法致富的话，那么就去做些自己打心眼里喜欢做的事情。正由于孔子去做了自己最喜欢的治学和办学之事，才成就了一位中国历史上最伟大的教育家和思想家。

这个道理在西方社会也同样适用，莎士比亚7岁的时候，父亲把他送到一所文法学校去上学，可他却不用功，老是被老师用教鞭提醒着去读书。他不喜欢那些古板的祈祷文，他喜欢阅读古罗马作家用拉丁文写的历史故事，喜欢一个人在郊外的田野里漫游，听秋虫鸣叫。尤其是每年的五月节，小城斯特拉福热闹非凡，戏剧班子从伦敦来到这里举行各种表演，这是一年中莎士比亚最快乐的日子。他每场演出必到，戏剧班子走到哪里，他就跟到哪里，痴迷地观看每一场精彩的演出，直到戏班离开斯特拉福城为止。这使他的母亲忧心忡忡，她怕有一天独生子会抛下她跟着戏班远走高飞。

14岁时，莎士比亚离开了学校，来到父亲的铺子里帮工。但是，他对织手套、收购羊毛等工作并不感兴趣，仍然迷恋着戏班子和戏剧。但这些仍然不是莎士比亚所喜欢的，他最向往的还是剧场。每有空闲，莎士比亚就到泰晤士河边的几家剧场附近转悠。他在一家剧院找到一份工作，主要替客人看管衣帽，照料有钱的观众上下马车，还在后台打杂。从此，莎士比亚可以真正接近戏剧了。一有空闲，他就躲在后台静静地观看演员们排练。这里成了他的戏剧学校。就是在后台这个地方，孕育了一位名垂青史的戏剧大师。

如果少年时代的莎士比亚听从了父亲的安排，从事了自己不喜欢的经商职业，即使他付出再大的努力和再多的劳动，也不会比取得的艺术成就大。对于他不喜欢的职业，他会有耐心和热情去奋斗吗？正因为他从小就与戏剧结下了不解之缘，长大以后又得以从事自己所喜爱的戏剧创作，才使他有极大的热忱和非凡的创造力为人类留下许多不朽的艺术财富，可见兴趣是推动成功的动力。

鲁迅先生的独生子周海婴从小就喜欢玩瞿秋白叔叔送给他的“积铁”，积铁就像积木一样，是一盒子各式各样的金属零件，可以用来拼装小天平、跷跷板、火车、起重机等玩具。长大以后，他又学着装矿石收音机，迷上了无线电，并考上了北京大学物理系，1956年毕业以后开始从事无线电技术工作。当有人为他没有成为大文学家而遗憾的时候，他却坦然地说：“我没有选择文学道路，主要是由于我缺少这方面的爱好和专长。”

一个人在事业上取得的成就大小是和兴趣有很大关系的。如果做自己一直喜欢做的事，你的内心便会充满愉悦和快乐。富而可求，当获得财富之后也不外乎是从自己感兴趣的地方入手，进一步去丰富自己、提升自己。如果谋取财富的通道已经被堵死或陷于不义，那不如一开始就跟从自己的内心，直接去做自己喜欢的事情。

第八章

家庭和睦，孝悌为先

孝悌是德之本

原典

有子曰："其为人也孝弟，而好犯上者，鲜矣；不好犯上，而好作乱者，未之有也。君子务本，本立而道生。孝弟也者，其为仁之本与。"

意译

有子说："做人孝顺父母、尊爱兄长，而冒犯长辈和上级，这样的事是很少有的。能够尊师师长，却惯于捣乱的人，从古至今这是从未有过的。有德行修养的人，专心致力于根本的修养，平时居家孝顺父母，尊奉兄长，日积月累，那么其良好的德行就自然而然地养成了。因此，孝顺父母、友爱兄弟，这就是'仁'的根本啊！"

处世智慧

与儒家"孝悌，德之本"相对的是另一种流行观点——"大义灭亲"。大义灭亲首见《春秋》记载，卫国老臣石碏，其子助纣为虐，使得卫国民不聊生，遂拜托陈国将卫国国君与自己儿子杀害。大义灭亲是狠招，为者若非大义必是大恶之徒。

汉朝末年的王莽，出生于汉元帝初元四年（公元前 45 年）一个外戚王氏之家。他的姑母王政君是汉元帝的皇后，但父亲王曼早死，未能受封，接着哥哥去世，由他担起全家生活的责任。王莽极为孝顺母亲而有声名，尊敬嫂子，照顾侄儿，生活俭朴；平日博学多览，手不释卷，为了学好“礼经”，特地拜陈参为师；为人谦恭有礼，结交社会贤达俊士。一时间，宗族称孝，师友归仁，使他声名鹊起，为一时人望之所寄。

官居大司马的大伯父王凤生病时，王莽亲自煎药尝汤，守在榻前数月，不眠不休，比王凤的亲儿子还孝顺，王凤临死前告诉妹妹皇太后王政君，要她照顾王莽。汉成帝在阳朔三年（公元前 22 年）封王莽为黄门郎，旋即又提拔为射声校尉（掌管善射武士的军官）。

公元前 22 年，王莽 24 岁入中枢开始做官。他办事认真，对人更加恭敬，叔父王商上书成帝，愿把封邑部分给王莽，朝中名望大臣也上表推荐王莽。王莽 30 岁即被封为新都侯，骑都尉，光禄大夫侍中（皇帝侍卫近臣）。而王莽的伯叔父王凤、王商、王根相继为大司马辅政。成帝之世，王氏为侯九人，为大司马五人。公元前 8 年，王根病重，举荐王莽代替大司马之位，成帝接受了，王莽时年 38 岁。王莽做了一年多的大司马，成帝就病死了。太子哀帝即位，母亲定陶丁皇后派的外戚得势。王莽不得不请辞下台，退居新野（今河南新野），一面闭门读书，一面注意朝廷动态，等待机会，准备东山再起。

此时，王莽的小儿子意外杀死了一个奴婢。这在贵族之家当然算不了什么，但王莽却对他儿子说：“我一生克己奉公的清誉，岂能为你这不孝子毁于一旦？你自己做个了断吧。”

他儿子吓得面如土色："您就是把儿子送到官府，也不会判死刑啊，您难道真要杀子求名吗？"

面对儿子的哭泣哀求，王莽没多啰唆，只是把剑扔在儿子面前。他儿子总算明白老子的意思了，大喊一声"儿成全父亲之名"，便举剑抹脖子了。

这种"大义灭亲，爱惜奴婢"的行为震惊了所有的人。一时之间，什么"新孔圣人""真君子""贤德王公"等种种光辉戴到了王莽头上，王莽再一次赢得人们的好感。

在新野三年，多人上书为他求情。公元前2年，王莽获允回京居住，来年哀帝死，太皇太后王政君收了玉玺，召王莽复为大司马，领尚书事，兼管军事令及禁军，百官奏书也由王莽处理。此时王莽45岁，一夕之间，王莽成了国家最高行政的执行人。王莽一上台就清除了丁家外戚的势力，立王箕子为平帝，还为平帝祖母冯太后及东平王昭雪。迅速果断的行动，受到朝野上下的拥戴。

公元6年，平帝病死，立孺子婴为皇太子，只有两岁，太皇太后据群臣之意，叫王莽代天子朝政，称假皇帝，臣民则称为摄皇帝，自称"予"。此时莽51岁。

公元6年，谶纬禅让之说盛行，符命、图书层出不穷，如"求贤让位"、"汉历中衰，当更受命"。王莽对此大加利用，凡献符命的人（大意言莽为真命天子），皆得丰厚赏赐。随后，王莽心安理得地入高祖庙拜受，御王冠即天子位，改国号新，称始建国元年(公元9年)。从安汉公—宰衡—假皇帝—真皇帝共计八年，开了中国历史上篡夺之先例。

"孝悌，德之本"，扩展开来，圣人要说明的是，父子兄弟这些近亲关系是人类道德的根本，无论是个人还是国家都不可妄动。动则伤本，后果是难以估量的。

儒家发展到后来，孟子对仁孝思想继续进行发扬和阐释。他认为孝是仁的实质。因此，“事，孰为大？事亲为大”。又说：“孝子之至，莫大乎尊亲；尊亲之至，莫大乎以天下养。”推己及人，把最初产生和存在于家庭中的孝悌观念推广到整个社会，是孟子孝道观的独到见解。故孟子说：“老吾老，以及人之老；幼吾幼，以及人之幼。”但是不管如何，孟子孝道观都延续了儒家“孝悌，德之本”的基本观点。

父母健康常挂心

原典

孟武伯问孝。子曰："父母唯其疾之忧。"

意译

孟武伯向孔子请教孝道。孔子说："使父母只担忧子女的疾病。"

处世智慧

关于这一条的释义最有争议的大致有三种解释。

首先，对父母最主要的是关心他们是否生病了，如果能够做到这一点就是尽孝了。

这个解的矛盾在于，在《论语》中孔子认为尽孝包括了"礼"、"敬"，还有对父母的态度（"色难"），因此不能这样简单地理解尽孝。

其次，对孟武伯来说，他只要能够做到关心父母的疾病就算是尽孝了。

意思是这句话主要只针对孟武伯来说，孟武伯谥号"武"，想必平日多好斗好兵，因此孔子由此说。

最后，使父母只担忧子女是否生病，这就是尽孝。

《孝经》有“身体发肤，受之父母，不敢毁伤”之说，因为有所毁伤会使父母担忧，为了使父母安心，所以孝子当爱惜自己，除了生病之外，要做到没有任何事情能够引起父母的担忧，这就是孝。而且即使是生病，也不应当是由于自己的原因引起的。

以上几种说法仅供读者参考，没有固定解答，只要能和自己的生活体验挂钩便可。

以下是子路向孔子请教“孝”的故事，也许可以和孟武伯的例子比照理解。

那时，子路还没有给孔子做学生。一次，他问孔子：“有这样一个人，起早贪黑地干活，手脚磨出了厚厚的老茧，累得又黑又瘦，种植五谷，为的就是赡养父母，然而却没人说他是孝子，这是为什么？”

孔子猜得出来，子路说的这个人其实就是他自己。

孔子望着他说：“我猜想这个人大概对老人不够尊敬吧？譬如，他的脸色温顺吗？他的话语柔和吗？古人有句话这样说：‘儿子问父母，衣服穿得够吗？饭吃饱了吗？但就是不肯顺从父母。’儿子本来就应该通过自己的劳作赡养父母，但是如果做不到尊敬他们，怎么能有孝顺的名声？”

孔子停了一下，又说：“我想你结交的朋友有问题！他们行为不端，让你的父母为你担忧。子路，你坐下，我告诉你：即便是一国的大力士也无法把自己举起来。不是因为他的力量不够，而是因为他只依靠自己。所以，君子在家靠父母，在外靠朋友，这样还用得着担心没有孝子的名声吗？”

除了态度恭敬的问题外，孔子提到的另一个问题是子路的交友。子路直率勇敢，且自恃勇武，结交从游之人可能也多是好武之徒。实际上，孔子后来也多次批评过子路的匹夫之勇，但人之天性实不易改，最后子路的丧命也与之不无关系。作为子路的母亲，想来也为此担忧不少。

不过撇开子路的态度和交友来看，子路是非常孝顺母亲的。自古能做到十全十美之事的人本来就少，我们也不必苛求古人。

子路年少时家贫，自己常常采野菜做饭食，却从百里之外背米回家侍奉双亲。百里之外是非常远的路程，常年如此，极其不易，而子路却甘之如饴。后来，子路做了大官，奉命到楚国去，随从的车马有百乘之众，所积的粮食有万斛之多，但父母早已不在。坐在垒叠的锦褥上，吃着丰盛的筵席，子路常常怀念双亲，慨叹说："即使我想吃野菜，为父母亲去负米，哪里能够再得呢？"孔子赞扬说："你侍奉父母，可以说是生时尽力，死后思念啊！"

不给父母脸色看

原典

子夏问孝。子曰："色难。有事弟子服其劳，有酒食先生馔，曾是以为孝乎？"

子游问孝。子曰："今之孝者，是谓能养。至于犬马，皆能有养。不敬，何以别乎？"

意译

子夏向孔子请教孝道，孔子说："（当子女的要尽到孝），很难做到对父母和颜悦色。只是有了事情，儿女需要替父母去做；有了酒食，让给父母享用。难道这样就算是尽孝了吗？"

子游向孔子请教孝道。孔子说："如今所谓的孝子，只是能够赡养父母而已。对于犬马也都能得到饲养。如果养而不敬，那么赡养父母与饲养犬马又有什么区别呢？"

处世智慧

孔子的意思很清楚，仅仅是赡养父母，即使再卖力气，也算不上孝。为什么？因为这在饲养这一层面上，对家里的牲畜也是如此。所以赡养不是问题，敬才是第一位的，不敬则不孝。

什么是敬？言谈举止要和顺。不仅语言上不能顶撞父母，表情上也要注意。在孔子看来，最难做到的就是脸色，也就是一定要避免给老人脸色看。《论语》中，记载着孔子所言的君子的“九思”。孔子曰：“君子有九思：视思明，听思聪，色思温，貌思恭，言思忠，事思敬，疑思问，忿思难，见得思义。”意思是说：“君子有九件用心思虑的事，看要想到看明白没有，听要想到听清楚没有，神态要想到是否温和，容貌要想到是否恭敬，言谈要想到是否诚实，处事要想到是否谨慎，疑难要想到是否要求教，愤怒要想到是否有后患，见到有所得到要想到是否理所该得。”由此可知，孔子所说的“色”，乃神态容貌温和之色。和颜悦色地对待父母并不是件难事，但在任何情况下都始终如一就确实是一件难以做到的事了。

《礼记·祭义》云：“孝子之有深爱者必有和气，有和气者必有愉色，有愉色者必有婉容。”孝敬父母，必须对父母和气，脸色柔顺谦和、愉快，否则就不是孝子。和颜悦色，其实是内心深爱的外在表现。内心是“本”，脸色是内心的外在形式。灵魂深处的东西，一定会表现在你的脸上。只有内心充满阳光，你的脸上才能够洋溢着灿烂；如果你的内心阴暗，眼中的世界就会是一片乌云。我们生活的世界是什么样子，往往是一个人的心里投射的结果。

宋代苏东坡喜欢禅，有一次在金山寺和佛印一起打坐，苏东坡觉得心情舒畅，于是问道：“禅师，你看我的坐姿怎么样？”

禅师答道：“很好，像一尊庄严的佛。”

苏东坡听了很高兴。

佛印接着问苏东坡："学士，你看我的坐姿怎么样？"

苏东坡从来不放过嘲弄禅师的机会，马上回答说："像一堆牛粪！"

禅师听了也很高兴。

当苏东坡高兴地回家告诉苏小妹赢了禅师的时候，苏小妹则说："哥哥，你输了！佛家说'佛心自现'，你看别人是什么，就表示你自己是什么。禅师的心中像佛，所以他看你像佛；你心中像牛粪，所以你看禅师像牛粪！"

苏东坡哑然，才知道自己的禅功不及佛印禅师。人心如佛，看人如佛；人心如粪土，视人如粪土。心中对父母怀有深爱，才一定会有和气、愉色和婉容。

现代很多子女给父母添衣添食、买房买车，父母病了端水送饭，可谓无微不至，但就是脾气不好。父母舍不得扔旧衣服说父母不知享福，买来的东西放过期了说父母不记得吃，父母病了说父母不会好好照顾自己，等等。在具体的生活中，两代人都有各自的生活习惯、也会有各自的价值观、消费观，这些东西，作为儿女的实在没必要一直在父母耳边唠叨，如果能按父母舒服喜欢的方式，为何不遵从他们的意愿呢？

孝顺父母有不同的方式，除了孝养父母之身外，更高境界还是孝养父母的心。

春秋时，楚国有位隐士，名叫老莱子。老莱子非常孝顺父母，对父母体贴入微，千方百计讨父母的欢心。为了让父母过得快乐，老莱子特地养了几只美丽善叫的鸟让父母玩耍。他自己也经常引逗鸟儿，让鸟儿发出动听的叫声。父亲听了很高兴，总是笑着说："这鸟声真动听！"

老莱子见父母脸上有笑容，心里非常高兴。

老莱子其实也不小了，早已年过 70。一次，父母看着儿子的花白头发，叹气说："连儿子都这么老了，我们在世的日子也不长了。"老莱子害怕父母担忧，想着法子让父母高兴。他专门做了一套五彩斑斓的衣服，走路时也装着跳舞的样子，父母看了乐呵呵的。

一天，他为父母取浆上堂，不小心跌了一跤。他害怕父母伤心，故意装着婴儿啼哭的声音，并在地上打滚。父母还真的以为他是故意跌倒打滚的，见他老也爬不起来，笑着说："莱子真好玩啊，快起来吧。"

当然不是要求每个人都像老莱子一般着彩衣戏亲，但是将"讨父母欢心"作为行孝的一种方式，对每一个家庭应该都有不小的参考价值。

父母的年纪不可不知

原典

子曰："父母之年，不可不知也。一则以喜，一则以惧。"

意译

孔子说："父母的年纪，不可不谨记在心。一方面为父母高寿而欢喜，一方面又为父母衰老而忧惧。"

处世智慧

孔子生下来没多久父亲就死了，十几岁时母亲又死了，对母亲的无限追恋，对父亲的无限渴望使他深刻了解父母对人类成长的重要性。

当今社会，很多人离开家乡去外面打天下，他们或因成功而忙碌，"没有时间看父母"；或因一事无成而羞于见爹娘。直到有一天，父母远行，再也无缘相见时，才感叹"树欲静而风不止，子欲养而亲不待"。人不要在失去后才知道拥有的幸福，做子女时多爱父母一些，多想想父母，多看看父母，想想父母的年岁，想想父母到底还能陪伴自己几年，有些做法就会不由自主地改变了。

曾参，字子舆，春秋时期鲁国人，孔子的得意弟子，世称“曾子”，以孝著称。

曾皙是曾参的父亲。在曾参七八岁的时候，他看见父亲正在地里锄草，于是他也拿把锄头跟在后面学，把瓜秧都锄断了，草却都留着。曾皙一看，生气了。这瓜秧可是从吴国拿回来的种子，珍贵得很。于是父亲就训了他几句。哪知曾参却回上嘴了，说什么瓜秧断了接起来照样开花结果。曾皙看他顶嘴，就拿起锄把照着他一顿好打。可是，由于父亲下手过重，没几下就把曾参打晕了。

父亲一看儿子被打晕了，后悔莫及，扑上去就使劲摇晃曾参，这才使曾参慢慢醒了过来。曾皙以为，这次曾参肯定会又哭又闹，因为这样才像一个正常撒娇的小孩子。但是没有想到的是，这个七八岁的孩子竟露出了灿烂的笑容，直笑得父亲全身发毛：坏了，坏了，该不是刚才下手重，将他脑子打坏了吧？

然而，曾参却微笑着温柔地对父亲说：“以前我犯了错误，父亲大人您打得我好痛。但今天，我本该重重地挨板子，可是父亲您却下手如此无力，莫不是年纪大了身体不好了吧？这样吧，您再打几下，我心才安啊。”

一听孩子这样说，曾皙想：这孩子的脑子可能真的给打坏了，刚才明明把他打昏在地，他还说打得不重。曾参为了给父亲证明自己并未打坏，还特意走进卧室，弹起琴来，以证明他安然无恙。

长大以后，曾参对父母更是加倍地孝顺，成为了一位众人皆知的孝子。

有一天，家里来了客人，母亲不知所措，便用牙咬自己的手指。这时，在外面砍柴的曾参忽然觉得心疼，心想一定是母亲在呼唤自己，便背起柴薪迅速地返回家中，跪问缘故。

母亲说："有客人忽然到来，我咬手指盼你回来。"于是曾参接见了客人，并以礼相待。

后来，曾参随从孔子到了楚国，但他再一次感觉了心里的疼痛。因此，他急忙辞别孔子回到家中探望母亲。母亲一见到儿子就说："我太想念你了，你又远在千里，愁于无奈，再次咬了自己的手指。我儿果然回来，我十分欣慰。"

曾参是孝的楷模。他不仅著有《孝经》规范世人的言行，而且还身体力行，并提出了"慎终"、"追远"的主张。意思就是，要慎重地对待父母的死亡，对于老人的丧事，只要心诚且符合礼仪就行了，不必追求排场。关键在于，你是否在父母在世时进行了"厚养"，厚养胜于厚葬。因此，曾参在其父死后并未大肆操办，被后人奉为厚养薄葬的典范。汉代王符在《论侈葬》中说："南城之冢，曾子非不孝。"

"鸦有反哺之义，羊知跪乳之恩"。中国人常说"养儿防老"，孩子成年后回报父母是理所当然的事。纵使因为工作、事业等各种原因和父母分开了，但我们仍可以曾参为榜样，当父母需要我们时，立刻不远千里回到父母身旁。

规劝父母有技巧

原典

子曰："事父母几谏，见志不从，又敬不违，劳而不怨。"

意译

孔子说："侍奉父母，对他们的过错应当委婉地劝谏。如果父母没有听从，应仍然尊敬不背逆，虽然忧伤，却不埋怨。"

处世智慧

鲁国国君鲁哀公问孔子："儿子听从父亲的吩咐是否就是孝顺？臣子遵从君主的命令是否就是忠诚？"

孔子没有回答。鲁哀公又问了两遍，孔子仍然没有应答。

孔子走出宫室，告诉子贡刚才的事，然后问他的意见。

子贡说："儿子听从父亲的吩咐当然就是孝顺，臣子遵从君主的命令当然就是忠诚，怎么，在夫子您这里还能有其他的答案吗？"

"真是小人之见！"孔子摇着头说，"你的见识不够啊。过去，一个拥有万乘兵车的大国，只要有四个直言敢谏的臣子，就可以保证国土不丢失一寸；一个拥有千乘兵车的小国，只要有三个直言敢谏的臣子，就可以保证国家的安全；一个拥有百乘兵车的封君，只要有两个直言敢谏的臣子，就可以保证封邑的存在。

“父亲只要有一个直言的儿子，就不会做出无礼的事情，士人只要有一个直言的朋友，就不会做出不义的事情。可见，儿子只是一味地听从父亲的吩咐，怎么能说就是孝顺呢？臣子只是一味地遵从君主的命令，怎么能说就是忠诚呢？能够使父亲、君主作出正确的决定然后再给予服从，才可以称得上是孝顺和忠诚。”

所以即使是儿子对父母，也是可以并且需要“谏言”的。孔子称这种“谏”为“几谏”，“几”为柔和之意，“几谏”就是委婉柔和地劝谏父母。

隋朝末年，兵荒马乱，战火纷飞，各路义军高举反隋朝暴政的大旗，争夺天下，而李渊父子的军队就是其中的一支。

在李家军中，李世民头脑冷静、思维缜密，是父亲李渊身边的得力战将。虽然他年纪轻、资历浅，李渊对他却很器重，常让他到军帐中和老将领们一起商议进攻退敌之策。

李世民并没有因为自己人微言轻而一味地对老将领唯唯诺诺，他经常勇敢地发表自己对战局的见解。

正是因为他的直言敢谏，李渊起兵的第一仗才顺利地消灭了劲敌，为唐朝的建立奠定了坚实的基础。

李渊当时在太原为官，他碰到的第一个劲敌就是一个叫宋老生的人。李渊原本打算拔营攻打宋老生，但在先头部队出发之后，天空飘起了连绵细雨。一时间，道路泥泞，粮草短缺，李渊对于是否出兵十分犹豫。夜里，又传来了一个雪上加霜的消息，死对头刘武周和突厥联手，准备抄他的后路。

前有强敌，后有追兵，李渊决定退回太原，放弃这次进攻的机会。众将领没有反对，李世民心中却有些疑惑，他劝说父亲："刘武周要抄我军后路的消息很可能是讹传，是宋老生为了阻止我方出兵故意放出的假消息。如果我们这次不把握机会一鼓作气歼灭宋老生的军队，就会后患无穷呀！"

李渊觉得李世民年少轻狂，断然拒绝了他的劝谏。李世民又进谏了好几次，李渊都没有采纳。

撤军令马上就要下达了，李世民忧心忡忡，整夜在床上辗转反侧。经过一夜的思考，他决定再次劝说父亲。天快亮的时候，李世民跑到父亲的帐篷门口，守卫的亲兵不让他进去，情急之下，他跪在门口号啕大哭起来。

李渊被帐外传来的伤心的哭声吵醒了。他披上衣服走了出去，发现李世民跪在地上哭泣。他将儿子扶起来，问他如此伤心的原因。

李世民含泪说："孩儿无法说服父亲不要放弃此次大好机会，心中十分难过。"随后，他再次将这一仗的形势以及利弊向父亲详细、恳切地分析了一遍，希望父亲能收回撤军令。

李渊比之前冷静了很多，在儿子的劝说下，他最终决定继续进攻宋老生，打出了漂亮的第一仗。在后来的战斗中，父子并肩作战，终于平定了各地的反王，开创了唐朝盛世。

人非圣贤，孰能无过？父母也是如此。面对父母的过错，子女若能及时劝谏，便是父母的幸运。

正确对待父母的过错

原典

叶公语孔子曰："吾党有直躬者，其父攘羊，而子证之。"孔子曰："吾党之直者异于是。父为子隐，子为父隐，直在其中矣。"

意译

叶公告诉孔子说："我的家乡有个正直坦率的人，他的父亲偷了人家的羊，他就去告发了父亲。"孔子说："我家乡人的正直和你讲的不一样。父亲为儿子隐瞒，儿子为父亲隐瞒，而正直就在其中了。"

处世智慧

孔子讲的"正直"更多指的是"情感的真诚"，而叶公讲的"正直"更偏向于"道义的真诚"，自古这两者的争论就没有休止过。所以后世儒家才有那么多"忠孝不能两全"的感慨。

孔子担任鲁国司寇，掌管国家刑狱。

有一个案子，是父亲告儿子不孝。孔子拘留了不孝子，但是迟迟不结案，一直拖了三个月。后来，父亲请求撤除案子，孔子释放了不孝子。

执政大夫季桓子非常不高兴，说："这位老夫子，不是要弄我吗？他曾经对我强调说：'治理国家必须推行孝道。'现在可好，本来我准备杀掉这个不孝顺的东西，以警戒不孝，谁知他竟然把人给放了。"

孔子的学生冉求是季氏家臣，听到了这番话，就去向老师报告。

孔子叹息了一声，感慨道："上面失误，却去惩罚下面的人，这种做法合适吗？不教育民众就处以刑罚，等于杀害无辜。军队打了败仗能把责任推到士兵身上吗？刑法不能带来安宁能把责任推到百姓身上吗？不能，因为罪过不在普通民众身上。"

其实，孔子的断案方式才是真正蕴含大智慧的。孔子有言："父为子隐，子为父隐，直在其中矣。"案件中父子反目，不管是老父告儿子，还是儿子待父亲不善，实际上都是父慈子孝的泯灭。如何唤回这种情感，简单地将儿子杀了，以警示天下所有的儿子？这种方式也许会立即产生行为上的效果，但儿子内心对父亲的敬重却越来越远了。因为儿子对父亲的侍奉是基于畏，而不再是敬，而父亲凌驾于儿子之上的也不再是慈，而是权，父亲有权状告儿子不孝，同时官府也支持。儿子在权利的压迫下不得不行孝道，这样的孝道与其说是人性的丰富，毋宁说是人性的扼杀。

所以智慧的孔子什么都没做，只是等。等这对父子的反省，等父亲主动来撤销状告，等父亲那一点慈心的萌发。实际上，除此之外，也别无他法，最内在的情感只能经由当事人自己去领悟，否则外在的说教、惩罚都是无用的。

抛开孔子断案方式不说，"父为子隐，子为父隐"后来发展为法律中有名的“亲亲相隐”。

亚里士多德曾经说：“法律不应该被看作（和自由相对的）奴役，法律毋宁是拯救。”我们同样可以说，法律并没有压制或废止亲情，而是拯救和保护亲情。其实，在现代西方法律史上，上述亲情与法律的观念已落实到具体的法律实践当中。比如，1994 年《法国刑法典》第 434—6 条规定：“向重罪之正犯或共犯本人提供住所、隐蔽场所、生活费、生活手段或其他任何逃避侦查逮捕之手段的，处 3 年监禁并科 30 万法郎罚金，下列之人不属于前述规定之列：

第一，重罪之正犯或共犯的直系亲属，兄弟姐妹以及这些人的配偶；

第二，重罪之正犯或共犯的配偶或者众所周知的同其姘居生活的人。”

难怪有中国学者说：“现在看来，（中国）有些从前被视为保守落后的东西，在西方近现代法中仍有知音。”

这可谓是法律对人性当中最基本的亲情的维护。相对的，站在人情的这一方来看，正确的“亲亲相隐”也并不是隐瞒甚至帮助销赃，而是将对方这一错误做法的消极影响缩小到最小限度。如儿子发现父亲偷人家的羊，可以规劝父亲送回去，也可背着父亲自己偷偷送回去，这是情与法的平衡，也是最正确的。

第九章

社会责任，勇于担当

工作是最起码的社会责任

原典

宪问耻。子曰："邦有道谷；邦无道谷，耻也。"

意译

原宪问孔子什么是耻辱。孔子说："国家政治清明的时候，领取俸禄是好事；国家政治动乱的时候，仍然领取国家的俸禄，这就是耻辱。"

处世智慧

每个人和社会发生的最直接的关系就是工作。孔子本来只是针对做官而言，但也可将其扩展到其他工作上。当国家清明的时候，应该出来工作养活自己，这是对自己、对社会最起码的责任。当国家动乱的时候，应该保全道义，然后再想谋生的事，如果把谋生放在道义之前，就是可耻的。

齐庄公屡次到崔杼家去，与崔杼的妻子姜氏幽会。更过分的是，他临走时还偷偷拿去崔杼的帽子，把它赏赐给别人。

崔杼恨得牙痒痒的，发誓杀掉他。

一天，崔杼声称有病，没有去上朝。第二天，齐庄公就来到崔杼家，说是探望病人，其实他真正想见到的是姜氏。然而，他万万没有料到，崔杼早已经设下了圈套，就等着齐庄公自投罗网。

武士一拥而上。齐庄公逃上高台，请求武士们放他一条生路，武士们不答应。齐庄公又要求与崔杼订立盟约，也被拒绝了。最后，齐庄公提出前往宗庙中自杀，仍旧被顶了回来。没有办法，齐庄公只好翻墙逃跑，被人一箭射中大腿，跌在地上，被武士们杀死了。

齐国的太史在史册上工工整整地写下一行字，“崔杼弑其君”。臣子杀死自己的国君叫弑。崔杼大怒，杀掉了太史。

接任太史职务的是他的弟弟，在史册上写的还是这句话，结果又被杀了头。

他们的弟弟——第三个太史来了，仍然如实记下这件事，崔杼又把他杀了。

第四个太史也就是他们的小弟弟早早地等在一边，崔杼问他打算怎么写，他答道：“崔杼弑其君。”一个字也没改。崔杼没辙了，只好听之任之。

这时，另一个史家南史氏带着一捆竹简赶来，如果第四个太史也被杀掉的话，他就顶上去。

史书的最大价值就在于真实，而历史是由人记载的，太史就是负责记录历史的官员，史书的价值如何，最后落实在太史身上。这几位太史不畏强权暴力，以生命来殉自己的事业，杀身成仁，只是为了完成自己对社会、对历史、对后代的责任。

无论任何时代、任何社会，每一份工作后都有着相应的社会责任。医生需医者仁心、救死扶伤；教师当学而不厌、诲人不倦；新闻工作者当永远追求真相；为官者当为民为国、清廉奉公……所以我们才会看到那么多在自己岗位上坚守、牺牲的人。古有齐国太史，现今更有为守护公民或国家财产浴火奋战牺牲的年轻消防兵，有为报道事实真相将个人安危放在其次的勇敢记者，有为乡村儿童教育奔走呼告、扎实坚守的乡村教师……他们之所以能做到如此，正是因为身上的职业，以及职业背后的责任。一个社会需要不同职业来维护建构，因此当一个人成熟走向社会时，承担工作、肩负起这份工作背后的责任就变成了个人对于社会的应尽之责了。

孔子本人就是一个忠于事业的人。他做中都宰时，治理中都一年，卓有政绩，四方纷纷效法。之后出任鲁国少司空，后继任大司寇，摄相事。夏天随定公与齐侯相会于夹谷。孔子事先对齐国邀鲁君会于夹谷有所警惕和准备，故不仅使齐国劫持定公的阴谋未能得逞，而且逼迫齐国答应归还侵占鲁国的郓、郰、龟阴等土地。公元前 498 年，孔子为鲁司寇。为削弱三桓，采取堕三都的措施，虽然最后以失败告终，但于己于心也是尽心尽力了。作为教师，他有教无类，诲人不倦，带出了门下 72 贤人。直到晚年，还在对《诗》《书》《礼》《易》《乐》《春秋》进行修订。《论语》中的孔子就是一个永不倦怠、一丝不苟的教育者形象。

公利大于私怨

原典

子贡曰:“管仲非仁者与?桓公杀公子纠,不能死,又相之。”子曰:“管仲相桓公,霸诸侯,一匡天下,民到于今受其赐。微管仲,吾其被发左衽矣。岂若匹夫匹妇之为谅也,自经于沟渎,而莫之知也。”

意译

子贡问:“管仲不能算是仁人了吧?齐桓公杀了公子纠,他不能为公子纠殉死,反而做了桓公的宰相。”孔子说:“管仲辅佐桓公,称霸诸侯,使天下安定下来,老百姓直到今天还受到他的恩惠。如果没有管仲,恐怕我们早就披散着头发,衣襟向左开,沦为落后民族了。他哪能像普通百姓那样恪守小节小信,在小山沟里自杀而没有人知道呢?”

处世智慧

纵观《论语》全篇,孔子对管仲的评价一共有四处,其他三处为:

子曰："管仲之器小哉！"或曰："管仲俭乎？"曰："管氏有三归，官事不摄，焉得俭？""然则管仲知礼乎？"曰："邦君树塞门，管氏亦树塞门。邦君为两君之好，有反坫，管氏亦有反坫。管氏而知礼，孰不知礼？"(《论语·八佾》)

或问子产。子曰："惠人也。"问子西。曰："彼哉彼哉！"问管仲。曰："人也。夺伯氏骈邑三百，饭疏食，没齿，无怨言。"(《论语·宪问》)

子路曰："桓公杀公子纠，召忽死之，管仲不死。"曰："未仁乎？"子曰："桓公九合诸侯，不以兵车，管仲之力也。如其仁！如其仁！"(《论语·宪问》)

翻译过来分别是：

孔子说："管仲这个人的器量太小了！"有人问："管仲节俭吗？"孔子说："管仲有三处藏金的府库，家中的各项事务都有专职人员处理而不兼任，这怎么谈得上节俭呢？"那人又问："那么管仲知礼吗？"孔子回答说："国君在大门口设立照壁，管仲在大门口也设立照壁以别内外。国君为了和别国君主的友好往来，特在堂上有安放空酒杯的反坫，管仲也有这样的反坫。如果说管仲知礼，那么还有谁不知礼呢？"

有人问子产是个怎样的人。孔子说："他是一个宽厚仁慈的人。"又问子西是个怎样的人。孔子说："他呀！他呀！"又问管仲是怎样的人。孔子说："人才，他没收了齐大夫伯氏领地骈邑的三百户，使其吃着粗疏的饭食度日，但他到老都没有怨言。"

子路说："齐桓公杀了公子纠，召忽殉难而自刎，但管仲却没有追随赴死。"接着又说："管仲不能算是仁人吧？"孔子说："桓公多次召集各诸侯国盟会，却不用武力。这都是管仲的功德啊！这就是他的仁德啊！"

可见，孔子对管仲的批评也不少，器量小、不节俭、不知礼，是孔子主要批评管仲的地方，但同时孔子也肯定了管仲的为官能力，并毫不吝惜地称赞管仲为仁人。称一个人为“仁人”，是儒家的至高评价，再往上就只能是尧舜禹一类的圣人了。

管仲凭借什么获得孔子这么大的肯定呢？——“桓公九合诸侯，不以兵车”而“一匡天下，民到于今受其赐”。通俗讲就是避免了战争，使人民受惠。康有为说得好：“盖仁莫大于博爱，祸莫大于兵戎。”

而一个人要有管仲这样的心胸，必然时时刻刻提醒自己公利大于私怨，将国家百姓的利益永远放在第一位考量。蔺相如在对待廉颇这件事上就很好地体现了这一胸怀。

因为蔺相如完璧归赵立了功，赵王封他做上大夫。

过了几年，秦王约赵王在渑池会见。赵王和大臣们商议，去，怕有危险，不去，表示胆怯，一时决定不下。蔺相如认为不能对秦王示弱，还是去的好。赵王才决定动身，让蔺相如随行。大将军廉颇带着军队送到边界上，做好了抵御秦兵的准备。

赵王到了渑池，会见了秦王。秦王要赵王鼓瑟。赵王不好推辞，鼓了一段，秦王就叫人记录下来，说在渑池会上，赵王为秦王鼓瑟。

蔺相如一看秦王这样侮辱赵王，生气极了。他走到秦王面前说：“请您为赵王击缶。”

秦王说什么也不肯。蔺相如说：“您跟我只离开五步远。您不答应，我就跟您拼了！”秦王被逼得没法，只好拿起棍来击了几下。

蔺相如也叫人记下来，说在渑池会上，秦王为赵王击缶。

在渑池会上，秦王没占到便宜。他知道廉颇在边境上已经做好准备，不敢怎么样，只好放赵王回去。

蔺相如在渑池会上又立了功。赵王封蔺相如做上卿，职位比廉颇高。

当廉颇知道蔺相如职位比自己高时，很不服气，他对别人说："我廉颇攻无不克，战无不胜，立下许多大功。他蔺相如有什么能耐，就靠一张嘴，反而爬到我头上去了。我碰见他，非得让他下不来台！"这话传到蔺相如耳朵里。蔺相如就请病假不上朝，避开廉颇，免得跟他见面。

有一天，蔺相如坐车出去，远远看见廉颇骑着高头大马过来了，他赶紧叫车夫把车往回赶。蔺相如手下的人可看不下去了。他们说，蔺相如怕廉颇像老鼠见了猫似的，为什么怕他呢！蔺相如对他们说："诸位请想一想，廉将军和秦王谁厉害？"他们说："当然秦王厉害！"蔺相如说："秦王我都不怕，我会怕廉将军吗？大家知道，秦国不敢进攻我们赵国，就因为赵国武有廉颇，文有蔺相如。如果我们两个闹不和，就会削弱赵国的力量，秦国就要乘机来打我们了。我所以避开廉将军，为的是我们赵国的利益。"

蔺相如的话传到了廉颇的耳朵里。廉颇静下心来想了想，觉得自己为了争地位，就不顾国家的利益，真是不应该。他脱下战袍，背上荆条，亲自到蔺相如门上请罪。蔺相如见廉颇来负荆请罪，连忙热情地出来迎接。从此以后，他们两个成了好朋友，同心协力保卫赵国。

所谓仁者，就是胸怀仁心，胸怀百姓的人，也唯有这样的人才能被社会、百姓永远纪念、传扬。

勇于坚守社会良知与文化

原典

微子去之，箕子为之奴，比干谏而死。孔子曰："殷有三仁焉。"

意译

殷纣王昏庸无道，微子离开了他，箕子为了他装疯为奴，比干因劝谏而被杀。孔子说："这是殷朝的三位仁德的人啊！"

处世智慧

商朝的纣王无道，沉溺酒色，宠爱妲己，对她言听计从。商纣王命令乐师创作淫乱的声调、放荡的舞曲以及颓废的乐歌。为了满足享乐，又加重赋税，收敛的钱财堆满了游乐场所，强征的粮食填满了仓库，收集的奇珍异兽充满了宫室。他还用酒来做池水，用肉做成树的形状，让男人和女人赤身裸体地在酒池肉林中追逐嬉戏。

纣王的倒行逆施引起了百官和诸侯的不满，纣王就运用残酷的刑罚来堵大家的嘴。

纣王的同父异母哥哥微子多次劝谏，纣王不听，说："我生有命，命由上天决定。他能把我怎样？"微子知道纣王荒淫无道的行为不会停止，商朝灭亡的日子不会远了。自己何去何从，他的心情十分矛盾，他想一死了之，又想一走了之，可是又怕背上不忠不义的名声。他自己无法决断，于是就去询问太师和少师。太师听了微子的倾诉以后，说："天帝降临灾祸灭亡殷朝，纣王上不畏天灾，下不畏贤人，又不采纳长者的意见。现在，如果当臣子的果真能够挽救商朝，那么死而无憾。但是如果自己死了，国家还是得不到治理，那就不如远走他乡。"所以微子在与太师、少师两个大臣商量后，外逃离开了王都。

纣王的一个叔叔叫箕子，害怕灾难降到自己头上，便装出癫狂的样子，跑去给人家当奴隶，想借以避祸。意想不到的是，纣王后来还是把他关进了监狱。于是，群臣都敢怒而不敢言，纣王依然我行我素。

纣王的另一个叔叔叫比干，他看到微子离去，箕子佯狂，朝中再也无人敢仗义执言，不禁悲叹道："君主有了过错而不劝谏，这是不忠；怕死就不直言，这是不勇。君主有过就要去劝谏，不采用就去死，这就是最大的忠。"于是比干不顾触犯龙颜，冒死当庭直谏，指斥纣王的过失，劝说纣王改过自新，行善施仁。纣王大怒，说："我听说圣人的心有七窍，今天倒要看一看。"于是令人残忍地剖开比干之腹，来观看比干到底心有几窍。比干面色不改，从容就刑。

后来商朝的残暴统治终于引发了周武王的革命，纣王兵败，投火自焚而亡。而微子、箕子、比干则被称为商朝的三位仁人。

微子、箕子、比干三人行为虽不同，但都受到了孔子一致的褒奖，因为他们的行为都指向社会良知与文化的坚守。也许会有人诟病微子，微子外逃，传说去了朝鲜半岛，在那建立了新的国家。这实质是对中原文化的坚守与传播。虽然没有舍生取义，但这种传播事业也是一种义，未尝不是一种崇高。微子与比干的对比不由让人想到梁启超与谭嗣同。

谭嗣同在参与戊戌变法之前，就因忧国忧民、救亡变革、办报讲学而名扬天下，被称为“新政人才”。本来，谭嗣同是有机会从容逃走的。那天，谭嗣同亲自把梁启超送到日本使馆。当梁启超要他和自己一起出走日本的时候，谭嗣同对梁启超说：“不有行者，无以图将来；不有死者，无以酬圣主。”梁启超避居日本使馆之后，日本使馆方面又提出要为谭嗣同提供“保护”，但谭嗣同回答说：“各国变法，无不从流血而成，今中国未闻有因变法而流血者，此之所以不昌者也；有之，请自嗣同始！”谭嗣同被捕后，在狱中写下了这样的诗句：“望门投止思张俭，忍死须臾待杜根。我自横刀向天笑，去留肝胆两昆仑。”9 月 28 日，谭嗣同等戊戌六君子就义于北京宣武门外菜市口。临终时，谭嗣同大喊：“有心杀贼，无力回天，死得其所，快哉快哉！”

再说梁启超。变法失败后，梁启超没有像谭嗣同那样主动赴死，他逃亡日本，继续他的变法大业。他在日本创办报纸，鼓吹改良，大量介绍西方社会政治学说，对当时中国的知识分子产生很大影响，后回国继续办报，是中国新闻事业的奠基人。

辛亥革命后，袁世凯当上大总统，但是这位大总统却一心想做皇帝，梁启超便与蔡锷将军一起策划武力反袁，并亲赴两广参加反袁斗争，最终挫败袁世凯图谋。之后，梁启超参与辛亥革命，组建进步党，当过司法总长，当过币制局总裁，参与反对张勋复辟，任过内阁财政总长，出任京师图书馆馆长，对中国的社会进步作出了巨大的贡献。

学术方面，梁启超在哲学、文学、史学、经学、法学、伦理学等领域均有建树，一生著作等身。尤其梁启超 27 岁那年写的《少年中国说》，充分表达了作者忧国忧民、发愤图强、心系天下、乐观进取的精神。他写道："故今日之责任，不在他人，而全在我少年。少年智则国智，少年富则国富，少年强则国强，少年独立则国独立，少年自由则国自由，少年进步则国进步，少年胜于欧洲则国胜于欧洲，少年雄于地球则国雄于地球。"这篇文章激发了无数中国青年为祖国的命运而奋斗的决心。

作为后人，我们很难简单评判谭嗣同与梁启超谁更伟大，毫无疑问的是，在对社会良知与文化的坚守上，他们两人都为此奉献了一生。

明哲保身也是一种坚守

原典

子曰："宁武子，邦有道则知，邦无道则愚。其知可及也，其愚不可及也。"

意译

孔子说："宁武子在国家政治清明时就显露才华，当国家政治混乱甚至失国时就装傻。他的智慧是谁都可以做到的，但他的装傻却不是谁都能做到的。"

处世智慧

民间有句俗话叫"留得青山在，不怕没柴烧"，这可谓是人民摸索出的生活智慧。明哲保身，不是因为贪生怕死，而是知道要把生命用到更有意义的事情上。司马迁就曾面临过这样的两难抉择。

司马迁的朋友任安，字少卿，早年在大将军卫青门下。后来霍去病渐渐受到汉武帝的宠信，并凌驾于卫青之上，卫青的故人、门下大多都投靠霍去病了，并因而获得官爵，只有任安不肯，仍效命于卫青。

征和二年（公元前91年），丞相公孙贺之子公孙敬声被人告发为巫蛊咒汉武帝，与阳石公主通奸，公孙贺父子下狱死，诸邑公主与阳石公主、卫青之子长平侯卫伉皆坐诛。汉武帝宠臣江充奉命查巫蛊案，用酷刑和栽赃迫使人认罪，江充与太子刘据有隙，遂趁机陷害太子，皇后卫子夫和太子刘据起兵反抗不果，相继自杀。

在巫蛊之祸中，任安担任护北军使者，握有兵权，太子起兵时曾派人持节到他那里要求发兵助战，他受了节，但仍闭城门，不肯接应太子。

事件平息后，汉武帝赏赐了那些系捕太子的人，而把那些跟随太子和为太子助战的人都治以重罪。关于任安，汉武帝对他的做法认为还可以，没有责怪他。可是后来有人进言，说太子在“进则不得见上，退则困于乱臣”的情形下，不得已而“子盗父兵”，其实并无造反之心，使汉武帝感悟到太子是冤枉的。于是，先前所做的处置，又重新检讨，变成了与太子战、反太子的人全部有罪。而当汉武帝心理转变的时候，便对任安对待太子的态度产生了根本的怀疑，他怪任安不帮太子，却坐持两端，准备看谁胜了就依附谁，于是就判他腰斩。

任安自认为自己是冤枉的，不久就要行刑了，他写信给经常可以见到皇帝的司马迁，请他设法援救。司马迁接到这封信，心里相当为难。他了解汉武帝，自己就曾尝过汉武帝暴怒之下的痛苦，他实在不愿意再遭到第二个“李陵之祸”。司马迁也非常明白汉武帝一心为太子报仇，任安的死判，绝无平反的可能。

这种情况下，如果没有《史记》，以司马迁的性格肯定会帮朋友进言的，但在遭受腐刑，且已将余生托付给《史记》的时候，该如何行动，司马迁就不得不三思了。最终，司马迁选择了偷生，选择了《史记》，任安被判腰斩。

临刑前，任安收到了司马迁的一封信，信里讲了自己的飞来横祸，受刑、忍辱的经过和体验，以及苟活的原因。司马迁解释到，人或有一死，或重于泰山，或轻于鸿毛。如果当时就去死，则他的死，“若九牛亡一毛”，而且还会被认为“智穷罪极”、死有应得。此外，当时就死，他无法对父亲的遗命有所交代。而且，父亲的遗命，深以“天下之史文”废而感到忧惧，这是文化的使命，不只是私人的遗命。

既不能死，那要干什么呢？就不能只是偷生，他要完成《史记》，以完成《史记》来完成父亲的遗命，并且要因《史记》而扬名天下，因扬名天下而洗刷受腐刑的耻辱，也符合父亲遗命中引述《孝经》的话：“扬名于后世，以显父母，此孝之大者。”

想来，任安是理解司马迁的，但司马迁肯定又把任安的死背负在了自己身上，更加沉重地继续自己的事业。死有时真的很简单，有坚守有背负地活着才更难。

当然，明哲保身并不一定要如司马迁一般有深重巨大的使命，依孔子本义，当事件本身丧失道义时，及时抽身，不参与不义之事就足够了。

第十章

养生之道与人生境界

饮食有节

原典

食不厌精，脍不厌细。食饐而餲，鱼馁而肉败，不食。色恶不食，臭恶不食，失饪不食，不时不食，割不正不食，不得其酱不食。肉虽多，不使胜食气。惟酒无量，不及乱。沽酒市脯不食。食不语，寝不言。

意译

吃饭不因米饭精细就多吃，吃肉不因做得精致就多吃。食物馊了，鱼和肉腐烂了，不吃。食物的色泽不新鲜了，不吃。食物变质发出异味了，不吃。食物煮得过生或过熟，不吃。不是用餐的时间，不吃。肉切得不方正，不吃。调味酱料放得不适当，不吃。肉虽多，但不要吃得超过主食。只有饮酒没有限制，不喝醉即可。买来的肉干和酒，不吃。吃饭的时候不交谈，睡觉的时候也不说话。

处世智慧

这一则主要是孔子对自己饮食习惯的陈述。概括起来，主要为以下几个方面：

一、饮食有度。认为饮食不应过量，七八分饱即可，即使是鱼肉丰富也不能过多地食用。喝酒则根据个人情况，以不喝醉为宜。

二、烹调适当。不熟和过熟，不吃；调料放得不恰当，不吃。

三、饮食卫生。不新鲜，变质，不吃；外边买的肉和酒，不吃。

四、饮食规律。不是吃饭的时间，不吃，更反对暴饮暴食。

孔子一生活了73岁，在医学不发达、人均寿命30多岁的春秋战国时期，可谓身健寿长。另一位历史上有名的长寿者是乾隆皇帝，其活到89岁，是中国历代皇帝中寿命最长者，他也有自己的一套养生秘诀。

乾隆根据自己的切身体会，总结出了养生四诀："吐纳肺腑，活动筋骨，十常四勿，适时进补。"其中"十常"即：齿常叩，津常咽，耳常弹，鼻常揉，睛常转，面常搓，足常摩，腹常运，肢常伸，肛常提。"四勿"就是：食勿言，卧勿语，饮勿醉，色勿迷。

这"十常四勿"完全符合保健养身的道理。别的不说，单言"酒色"二字。乾隆贵为天子，富甲天下，美酒盈仓，佳丽满宫。在此环境中，居然能做到不恋酒、不迷色，实属难能可贵。

乾隆自幼习骑射，曾在避暑山庄几次皇家射箭比赛中大显身手，当上皇帝后，更以骑射为乐，直到他80岁高龄时还去避暑山庄行围狩猎。骑马射箭，活动量很大，无疑是一种锻炼身体的好办法。

乾隆喜好旅游，乾隆皇帝下江南的故事，几乎是家喻户晓。他一生中曾六次下江南，三次上五台山。不少名山大川、古刹佛界都留下了他的足迹。旅游既能锻炼身体，又能调养心情，是一种很好的保健措施。

乾隆又好读书，善诗文，喜书法。他写得一手好字，每到一处，必要御笔垂青，西湖十景就是由他亲手所题。它们的艺术价值姑且不论，单是这些诗文书法等爱好对乾隆健脑、强身、养性便是大有裨益的。

乾隆的起居饮食很有规律。他大约6时起床，洗漱后用早膳。上午处理政务，和大臣们议事，午后游览休息。晚饭后看书习字、作文赋诗，然后就寝。膳食以新鲜蔬菜为主，少吃肉类，并且从不过饱。乾隆从不抽烟，但喜饮茶。他对饮用水十分讲究，以西山泉水作为御用水。

此外，乾隆也注意进补，但适时适当，绝不乱补。所用松龄酒、龟龄集之类，主要由补脾肾、益气血为主的中草药制成，这也是符合医学道理的。补肾可以滋先天，补脾可以壮后天，肾气强盛，脾胃健运，气血充盈，身体自然强壮。

由于乾隆养生有法，因此他一生身体健壮，年近90岁还神志清醒，活动自如，有时还以太上皇的身份过问朝政，不愧是帝王中的典范。

现代社会，医学、卫生学都得到了飞速发展，但秉承中医治未病的理论，平时的养生不容小觑。只有身体健康，才谈得上辉煌的事业、幸福的生活，才可能更积极稳健地去开拓人生。

过好当下每一天

原典

季路问事鬼神。子曰:“未能事人，焉能事鬼？”“敢问死？”曰：“未知生，焉知死？”

意译

季路请教祭祀鬼神的事情。孔子说：“没能很好地侍奉活着的人，又怎能侍奉鬼神呢？”季路又问道：“人死后是怎么回事？”孔子回答说：“不懂得活，怎么懂得死呢？”

处世智慧

孔子说:“没有了解生的道理,怎么会了解死呢？”换种说法，是要我们活在当下，先过好现在的每一天再说。

有个小和尚，每天早上负责清扫寺院里的落叶。

清晨起床扫落叶实在是一件苦差事，尤其在秋冬之际，每一次起风时，树叶总随风飞舞。每天早上都需要花费许多时间才能清扫完树叶，这让小和尚头痛不已，他一直想要找个好办法让自己轻松些。

后来有个和尚跟他说："你在明天打扫之前先用力摇树，把落叶统统摇下来，后天就可以不用扫落叶了。"小和尚觉得这是个好办法，于是隔天他起了个大早，使劲地摇树，这样他就可以把今天跟明天的落叶一次扫干净了。小和尚一整天都非常开心。

第二天，小和尚到院子里一看，他不禁傻眼了，院子里如往日一样满地落叶。

老和尚走了过来，对小和尚说："傻孩子，无论你今天怎么用力，明天的落叶还是会飘下来。"小和尚终于明白了，世上有很多事是无法提前的，唯有认真地活在当下，才是最真实的人生态度。

库里希坡斯曾说："过去与未来并不是'存在'的东西，而是'存在过'和'可能存在'的东西。唯一'存在'的是现在。"

2500 年前，孔子在回答子路提出的生死问题时说："未知生，焉知死？"以一句简短而富有哲理的话来告诫子路：要把眼光放在当下，先学会"活着"的道理，明白为何而生，才可能觉悟为何而死。

《论语》一书所谈的大都是人生问题，但并未忽略死亡。譬如，在此书中，"生"字出现 16 次，而"死"字出现 38 次，这个简单的数字对比，可以提醒我们：孔子当然了解死的道理，只是他期许人们先珍惜此生，好好把握正确的人生。

正所谓，智者见智，仁者见仁。朱光潜先生用两种方法来看待人生，也值得玩味。在第一种方法里，他把自己摆在前台，和世界一切人和物在一块玩把戏；在第二种方法里，他把自己摆在后台，袖手看旁人在那儿装腔作势。

站在前台时，他把自己看得跟旁人一样，不但和旁人一样，而且和鸟兽鱼虫诸物类也都一样。他指出，人类中有一部分人比其他物类痛苦，就是因为这一部分人把自己看得比其余人重要。比方穿衣吃饭是多么简单的事，然而在这个世界里居然成为一个极其重要的问题，就因为有一部分人要亏人自肥。再比方生死，这又是多么简单的事情，无数人和无数物都已生过来死过去了。一个小虫让车轮轧死了，或者一朵鲜花被狂风吹落了，在虫和花自己都不值得计较或留恋，而放在人类身上，在生老病死后面偏要加上一个“苦”字，这无非是因为人们希望造物主对待人类自己应该比草木鱼虫更加优厚。如此想着，我们可以把自己看作草木鱼虫，这样便决不会计较生活应该是如何，决不追究生活是为什么，也决不埋怨上天待它们特薄，让它们供人类宰割凌辱。在它们说，生活自身就是方法，生活自身也就是目的。

《菜根谭》有云：“天地有万古，此身不再得；人生只百年，此日最易过。幸生其间者，不可不知有生之乐，亦不可不怀虚生之忧。”意思是说：天地的运行是永恒不变的，可是人的生命只有一次，死后就不再复活；一个人最多只会活到百岁，可是百年的时间跟天地来比只不过是一刹那。我们人类有幸诞生在这永恒不变的天地间，既不可不了解我们生活中所应享的乐趣，也不可不随时提醒自己不要蹉跎岁月，虚度一生无所作为。

充满诗意的艺术人生

原典

子曰："志于道，据于德，依于仁，游于艺。"

子曰："《诗》三百，一言以蔽之，曰'思无邪'。"

子在齐闻《韶》，三月不知肉味。曰："不图为乐之至于斯也！"

意译

孔子说："志立于道，据守于德，依据于仁，活动于礼、乐、射、御、书、数六艺的范围之中。"

孔子说："《诗经》三百篇，所蕴涵的微言大义，可以用一句话来概括，就是'真情、不虚假'。"

孔子在齐国听到了《韶》乐，沉浸其中，以至于很长时间都尝不出肉的滋味。他说："想不到音乐的快乐竟能达到如此境界。"

处世智慧

艺术陶冶情操，不仅有助于提高修养，也能帮助人宣泄情绪、寄托情志。孔子一生不离诗书礼乐，从中不断汲取营养，最终完成了自己充满追求与诗意的一生。

孔子在母亲的教育下，很小就懂得礼仪规矩，懂得了音与音之间存在的节拍，符与符之间存在的规律。孔子从音律的协调关系得到启示：音律调节好，才能演奏出悦耳的音乐；人际关系调整好，才能和谐相处。

早在孔子还不懂事的时候，孔子的母亲颜征在就买来很多乐器，有时自己为儿子吹弹，有时请人为儿子演奏，有时让儿子自己摆弄。邻里乡人不解其意，颜征在对人们说，孩子现在还不懂事，但天长日久，他就会喜欢这些礼器。做人要讲根基，办事要按规矩，无规矩不成方圆，礼器最讲礼仪规矩，无章法演奏不出动听的乐曲。所以用这些礼器能让孩子早一点懂得礼仪、音律、等级，对日后的成长是至关重要的。

在母亲的引导和教育下，孔子对音乐有了浓厚的兴趣，很小就学会了吹、拉、弹、唱。邻里婚丧等红白喜事，他挟着乐器跑去奏乐。长大后，孔子对音乐的爱好有增无减，他在齐国听了《韶》乐，一连学了三个月，吃饭连肉味都觉不出了。他说："想不到学音乐会使人达到这个境界！"可见孔子对音乐有很强的感悟能力。

有一次，孔子向鲁国乐官师襄子学琴，他弹一支名曲，一连弹奏了十日也不调换别的曲子。

师襄子建议他换个曲子，孔子回答说："我已经熟悉这支曲子了，但还没有领悟弹奏它的技术。"

过了一段日子，师襄子说："你已经掌握了弹奏这支曲子的技术，可以弹别的了。"孔子又说："我还没有领悟它的用意。"

又过了一段日子，孔子仍在弹那首曲子，师襄子不耐烦地说：

“你已经了解它的用意了，可以换一支曲子了。”孔子说：“我还没有领悟它所描写的人物形象呢。”

又过了一些时候，孔子终于停下不弹了，他默然有所思，看向远处，说：“我可能领悟到了，这个人又高又大，皮肤很黑，眼睛向上看，好像要统一四方，这不就是周文王吗？”师襄子听了非常惊讶地说：“这支曲子就叫作《文王操》啊！”

从此，孔子对音乐钻研得更深了，他不仅以音乐陶冶情操，还对音乐有了很深的研究，他从音乐中能悟出许多深刻的道理。后来他还整理出了“六经”之一的《乐经》。

春秋战国时代贵族、士人的精神生活是很丰富的，举凡吟诗、唱歌、听乐、跳舞，从日常生活到君臣相处、外交往来、宗庙祭祀，都可以看到。《墨子·公孟》便记载有：“儒者诵诗三百，弦诗三百，歌诗三百，舞诗三百。”原来读书人对于《诗经》三百首，能够背诵出来，能够用乐器弹奏出来，会以歌唱形式表达出来，还能够用舞蹈来表现。孔子更是将《诗经》融入教学中，《史记·孔子世家》记载：“三百五篇，孔子皆弦歌之，以求合韶、武、雅、颂之音。”

音乐是人类共有的精神食粮。古代《晋书·乐志》说：“是以闻其宫声，使人温良而宽大；闻其商声，使人方廉而好义；闻其角声，使人恻隐而仁爱；闻其徵声，使人乐养而好使；闻其羽声，使人恭俭而好礼。”这说明音乐中的旋律可以影响人的性格与行为。

德国伟大的音乐家贝多芬认为：音乐是比一切智慧、一切哲学更高的启示。在持续时间较长的重复性劳动中，为避免单调及精神上的疲劳，人们也会自然地发出种种歌声来调剂精神。如采茶、放牧、摇船、插秧的歌唱，虽节奏并不一定与劳动动作合拍，但因有了歌唱的调节，也会使人感到轻松并减少寂寞感、枯燥感。再比如，人们在进行强体力劳动时，为了减轻精神上的负担，会发出“嗨唷！嗨唷！”的声音，特别是在集体劳动时，更用歌唱的节奏来统一步伐和着力点，劳动号子就是这样产生的。

研究还发现，音乐有促进人们智力发展的作用。经常的音乐训练可以锻炼人们的想象力，促进思维能力的发展，使得五官四肢协调反应能力、再造想象力及创造性思维得到增强。在熟练迁移、触类旁通的作用下，其对音乐以外的其他学科的研究，也有着促进作用。

音乐对人们道德、意志、品格、情操来说，也会在“随风潜入夜，润物细无声”的情况下有所影响。正所谓“乐者，德之华也”“审音而知乐，审乐而知政”，多听高尚的音乐，确实会使人们的情趣高洁起来，多听铿锵雄壮的声音，也会使人们意志坚强起来，情绪高昂起来。

仁者不忧不惧

原典

子曰:“君子道者三,我无能焉:仁者不忧,知者不惑,勇者不惧。”子贡曰:“夫子自道也。”

意译

孔子说:“君子的道德有三个方面,我都未能做到。仁德的人没有忧患,聪明的人不受迷惑,勇敢的人无所畏惧。”子贡说:“这正是老师的自我表述啊!”

处世智慧

《论语正义》引《申鉴·杂言下》注曰:“君子乐天知命故不忧;审物明辨故不惑;定心致公故不惧。”君子知道自己的使命及能做到何种地步,所以不忧虑;能够清楚地认识事物人情的道理,就不会迷惑;崇尚正义、大公无私就不会害怕。

宋明理学则认为:“明足烛理,故不惑;理足以胜私,故不忧;气足以配道义,故不惧。”聪明足以分得清哪些是对的,哪些是错的,哪些是积极的,哪些是消极的,所以在做选择或做决定时,不会感到迷惑。明智、理性足以胜过私欲，没有私欲就更不会得罪别人，所以就不忧。因为觉得自己所作所为是符合道义的，底气就足，所以就不会感到害怕。也就是说：当学习的知识到了一定量时，自己的智慧足以让自己选择对的东西；自己的理性足以让自己能控制自己的私欲；在前两个前提下，自己表现出来的勇气就符合道义，所以就正气足，不会感到恐惧。

综合而言，不忧、不惑、不惧是孔子想要到达的高层次的生活境界和生命境界，孔子认为自己离这个境界还有一定距离，但子贡根据自己的观察，觉得孔子就是这样的人。

对普通人而言，只要怀抱一点仁心，能向人表达自己的善良、诚意，而不是怨恨、嫉妒，这样就能在自己周围的环境中营造一种融洽的、理性的、对自己是善意的氛围，在这样的环境中，离不忧就不远了。

不惑，则是要人保持持久的学习状态，儒家的学习，不仅包括书本上的，更包括社会、生活中的。敏而好学，不耻下问，离不惑就不远了。

不惧，要求人坚定自己的价值观、世界观，明白自己的理想，知道所坚守的道义，自己越是抱定自己的方向，就会越加勇往直前，离不惧也就不远了。

除此以外，还要懂得乐天知命。孔子在纷乱的春秋战国时代推行自己的主张，明知不可为而为之，这就是乐天知命。举个故事来说明。

三伏天，禅院的草地枯黄了一大片。“快撒点草籽吧！好难看啊！”小和尚说。

师父挥挥手：“等天凉了。随时！”

中秋，师父买了一包种子，叫小和尚去播种。秋风起，种子边撒、边飘。

“不好了，好多种子都被吹飞了！”小和尚喊。

“没关系，吹走的多半是空的，撒下去也发不了芽。”师父说，“随性！”

撒完种子，跟着就飞来几只小鸟啄食。

“要命了，种子都被鸟吃了！”小和尚急得跳脚。

“没关系，种子多，吃不完！”师父说，“随遇！”

半夜一阵骤雨，小和尚一大早冲进禅房大喊：“师父，这下真完了，好多种子被雨冲走了！”

“随缘！”师父说，“冲到哪儿，就在哪儿发芽！”

半个多月过去了，原本光秃的地面居然长出许多青翠的草苗，一些原来没播种的角落也泛出了绿意。

小和尚高兴得直拍手。

“随喜！”师父点点头。

不难看出，师父之所以能以平常心看待这一切，也就是不忧、不惑、不惧，就是因为了解种子的性，了解大风、小鸟、骤雨的性，进而知道种子的命。既然知命，也就能乐观处之了。

就儒家而言，仁、智、勇，这三者是互相联系、相辅相成的。《中庸》说：“好学近乎知，力行近乎仁，知耻近乎勇。”意思是：爱好学习距离聪明就不远了，能够身体力行距离仁德就不远了，知道羞耻距离勇敢就不远了。这是因为一个人只有肯于学习和善于学习，才能变得聪明起来；学习了，懂得道理了，还要身体力行，用实际行动把自己培养成品德高尚的人；一个人知道什么是羞耻，也就知道凡事应该怎样做和不应该怎样做，应该做的坚决做，不怕损害个人利益，甚至不怕危及生命，这就是勇敢。应该做的而不做，不应该做的却做了，这就是不知羞耻，因为他们害怕丧命，害怕丢官，害怕破财，所以也就害怕原则，害怕真理，害怕光明，所以任何寡廉鲜耻的事情也都能做得出来。那些在敌屠刀下怕死，投降变节，出卖国家和民族利益的败类不就是怯懦而又不知羞耻的人吗？《中庸》中又称仁、智、勇为“天下之德”，意思是仁、智、勇是普天下人都应该具有的美德。所以每个人都应该从这三方面修养自己，做个聪明的人、仁爱的人、勇敢的人。

智者乐，仁者寿

原典

子曰：“知者乐水，仁者乐山。知者动，仁者静。知者乐，仁者寿。”

意译

孔子说：“聪明的人爱好流动的水，有仁德的人爱好稳重的山。聪明的人活跃，有仁德的人安静。聪明的人生活快乐，有仁德的人能享高寿。”

处世智慧

知者，即智者，也就是聪明人，聪明人通晓事理、反应敏捷而又思想活跃，性情好动就像水不停地流一样，所以用水来进行比拟；仁者也就是仁厚的人，仁厚的人安于义理，仁慈宽厚不易冲动，性情好静就像山一样稳重不迁，所以用山来进行比拟。

子贡问孔子：“为什么仁者乐于见到山？”

孔子说：“山，它高大巍峨，为什么山高大巍峨仁者就乐于见到它呢？这是因为山上草木茂密，鸟兽群集，人们生产生活所用的一切东西山上都出产，并且取之不尽、用之不竭。山出产了许多对人们有益的东西，可它自己并不从人们那里索取任何东西，四面八方的人来到山上取其所需，山都慷慨给予，没有厚此薄彼。山还兴风雷做云雨以贯通天地，使阴阳二气调和，降下甘霖以惠泽万物，万物因之得以生长，人民因之得以饱暖。这就是仁人之所以乐于见到山的原因吧。”

子张问仁于孔子，孔子曰：“能行五者于天下，为仁矣。”“请问之。”曰：“恭宽信敏惠。恭则不侮，宽则得众，信则人任焉，敏则有功，惠则足以使人。”这段话的意思是：子张问孔子怎样做才是仁，孔子说：“能在天下实行五种美德，就是仁了。”子张说：“请问哪五种？”孔子说：“庄重，宽厚，诚信，勤敏，慈惠。庄重就不会招致侮辱，宽厚就能得到众人拥护，诚信就能得到别人的任用，勤敏就能取得成功，慈惠就能很好地使唤人。”孔子又把仁与长寿联系起来，说：“知者乐，仁者寿。”我们不知道这段话是否有科学根据，但从现实经验来看，我们看到现实中有仁德的人有些确实活得比较长寿。从历史上来看，高允也许是一个比较好的例子。

北魏有位长寿的大臣名叫高允，历仕世祖、恭宗、高宗、显祖、高祖五位帝王，享年98岁。他在世时声名显赫，位高权重，但能洁身自好，为官清廉公正，一生推行仁德，一言一行严格按照“恭，宽，信，敏，惠”来要求自己，为人所敬重。

世祖太武帝神䴥三年（公元430年），世祖的舅舅阳平王杜超为征南大将军，镇守邺城（今河北临漳县西南邺镇东），高允在其手下做从事中郎。时值春日，而各州的囚徒很多都还没有判决定案，杜超上表推荐高允与中郎吕熙等人分别去各州督察，与地方官共同处理案件。吕熙等人都因贪赃枉法获罪，唯独高允廉洁公正，受到奖掖。

高允在世常对人说："我在中书任职时积有阴德，济困救命，若有阳报的话，我该年寿过百。"高允寿高是实，他济困救命也非妄言自夸。

当尚书窦谨因罪被诛时，窦谨之子窦遵逃到峪中去避祸，窦遵的母亲焦氏也被收执入官，后焦氏因年老被宽免释放，而窦谨的亲朋好友无一人出面帮助照料焦氏。高允知道焦氏生计无着，度日艰难，且年老孤寡，形单影只，顿生恻隐之心，便主动将焦氏接到家中照顾，直至6年后，窦遵被赦免回来侍奉老母。

太武年间，因诉讼案件积压不能及时处理，开始让中书省以经义为据判决种种疑难案件，高允严格按照律令评判定案。20余年来，朝内朝外的人都称赞他判案公允准确，处置得当。高允判案时非常谨慎，他深知诉讼要案人命关天，责任重大，岂能轻率定夺，随意行事。为此他常慨叹："皋陶是舜的掌刑重臣，司称有大德之人，其后还发生过英蓼逃亡的事情；刘邦项羽之时，英布犯法黥面而后称王。古代贤良经世虽久，执法虽严，仍难免疏漏，况我等平常之人，哪能没有过错。"可见高允不仅恪尽职责，而且有自知之明，时时反省自察，唯恐有失误。

有一次，高允应诏去西郊，高祖派人用自己的马车接他到西郊宫殿，不料中途驾马受惊，突然狂奔不止，车子倾翻倒地，高允被摔出车外，眼眉三处带伤。听到高允车翻人伤的消息，高祖与文明太后急忙派遣太医前去疗治，探望慰问。车祸发生以后，车夫万分恐惧，知道闯下大祸，会受到极重的处罚，甚至可能因此送了性命。高允却告诉高祖及太后，说自己安然无恙，请求宽免车夫，不再治罪。

显祖平定青（今山东省临淄、益都一带）、齐（今山东省历城一带）二地之后，将名门大族迁徙到代地（今山西省大同市）。这些人倍经磨难、历尽艰辛才到达代地，大多饥寒交迫、处境艰难。被迁徙的人中，有很多与高允有姻亲关系，高允都徒步上门拜访，慷慨大方，竭尽自己的家产帮助这些亲戚，慰问照顾，非常周到热情，人人都感念他的仁慈宽厚。不仅如此，他还从中选拔有才能的人，亲自上表推荐，择优录用。当时有人有非议，认为这些人刚刚归附，不宜等同使用，高允坚持说，应任人唯才是举，不该压抑人才。

高允为人极有修养，性情谦和，容貌庄重，喜怒不形于色，中黄门苏兴寿曾说，与高允共事三载，从未见他发怒。高允待人，循循善诱、诲人不倦，又对亲朋故友情深意厚、虚己待人。虽然地位尊贵，却要求自己同平常人一样，清贫自守，不分贵贱尊卑。可以说他是一个非常具有仁德的人。

行仁德的人能够长寿，这也许是一种佐证吧？

中庸的处世智慧

原典

子曰："中庸之为德也，其至矣乎！民鲜久矣！"

意译

孔子说："中庸作为一种道德标准，应该算是最高的了吧！长期以来人们已经很少能够做到了！"

处世智慧

孔子的中庸之道被世人奉为修身养性的至高境界。

人在生活和处世中做到不寒不热，不湿不燥，不骄不馁，不狂喜不愠怒，不忧伤不耽乐，不仇富不安贫，不逞强不示弱，不争先不恐后，无太过无不及，保持平和的心态，愉悦的心情，就能达到心理平衡，胸襟开阔，益寿延年。此乃养生修身之大道，守中庸、致中和，阴阳调和，平和中正，天人合一，人际和谐，怡乐雍容。

"中庸"一词在论语中仅出现过一次，但中庸的思想却时时闪现，如在《论语》中孔子评价他的弟子们时说："高柴愚直，曾参迟钝，颛孙师偏激，仲由鲁莽。"孔子认为，他的这些学生各有所偏，不合中行，对他们的品质和德行必须加以纠正。

再如《论语》中记载，有一次子贡问孔子："子张和子夏二人谁更好一些呢？"孔子回答说："子张过分，子夏不足。"子贡说："那么是子张好一些吗？"孔子说："过分和不足是一样的。"既然子张做得过分、子夏做得不足，那么两人都不好，所以孔子对此二人的评价就是"过犹不及"。"过犹不及"即中庸思想的具体说明。

我们中国文化中《易经》的道理，是说天下的事物，天下的人物，随时随地在变，每秒钟都在变，没有不变的事。如何能适应这个变，如何能领导这个变，这是学问的中心。同时《易经》告诉我们，变是对立的变，任何一件事都是相对的，有正面必有反面，有好必有坏，你说对的，同时也就产生了不对的。

一切都是相对的，在这个相对的中间，有一个中和的道理。所以"中庸"便提到中和的作用，孔子是说两方面有不同的意见，如果有人使它能够中和，各保留其对的一面，各舍弃其不对的一面，那就对了。那才是"中庸之为德也，其至矣乎"！孔子同时感叹说："民鲜久矣。"一般的人，很少能够善于运用中和之道，大家走的多半都是偏锋。

中庸是生活中的最高境界。

林语堂先生在《谁最会享受人生》中，深刻地剖析了中国人的生活模式，提出要摆脱过于烦恼的生活和太重大的责任，实行一种中庸式的、无忧无虑的生活哲学。林语堂先生说："我相信主张无忧无虑和心地坦白的人生哲学，一定要叫我们摆脱过于烦恼的生活和太重大的责任。一个彻底的道家主义者理应隐居到山中，去竭力模仿樵夫和渔父的生活，无忧无虑，简单朴实如樵夫一般去做青山之王，如渔父一般去做绿水之王。不过要叫我们完全逃避人类社会的那种哲学，终究是拙劣的。此外还有一种比这自然主义更伟大的哲学，就是人性主义的哲学。所以，中国最崇高的理想，就是一个不必逃避人类社会和人生，而本性仍能保持原有快乐的人。”

美国著名作家房龙说：“孔子向几亿中国人传授了一种日常生活的哲理，那种哲理一直在过去2500年中影响着他们的子孙后代，并且至今如从前一样至关重要，一样可行。”不错，孔子凭着一颗善良的心，真诚地向我们传授着生活的哲理，其间或许有些不够精致的地方，有些则是人生来就是存在着差异性的，所以，每个人都应该根据自身情况，量力而行，适可而止，千万不可眼高手低，或走上难以回头的极端。古人说“水满则溢”、“过犹不及”，这是在告诫后人们，做事最好要留点分寸、留点回旋的余地，这是为人处世的一条法则。

“中庸”要求人们在为人上要不偏不倚，一切要做到“以和为贵”，所谓“致中和，天地位焉，万物育焉”。任何人都必须与人打交道，都必须与人合作，这其中少不了合脾气、对口味的朋友、同事等，当然也免不了会遇到一些在性格、气质、爱好甚至于思维方式和行为方式上都格格不入的人。通常情况下，人们都会亲前者而远后者，这种极为明显的待人接物的态度，其结果往往会给生活、工作带来诸多不利。

中庸思想是一种人生的智慧。不能因为自己的好恶，就区别对待或有着明显的交往界限。对那些自以为“情投意合”的人，不能走得太黏糊，而应该保持一定的距离，才不会因为对方而改变自己的思维和行为方式。而对那些自认为合不来的人，应该在生活、工作、学习中积极地接近并表现出愿意与之合作的态度，容许不一样的东西进入自己的生活中，人生才会越走越丰富。

参考文献

[1] 宋元人．四书五经［M］．北京：中国书店，1985.
[2] 朱熹．四书章句集注［M］．北京：中华书局，1983.
[3] 杨伯峻．论语译注［M］．北京：中华书局，1980.
[4] 李学勤．十二经注疏:论语注疏 [M]．北京:北京大学出版社，1999.
[5] 钱穆．论语新解［M］．北京：生活·读书·新知三联书店，2005.

附录

附录一　读《论语》《孟子》法

【南宋】朱熹

（据中华书局《四书章句集注》2011 年版）

程子曰："学者当以《论语》《孟子》为本。《论语》《孟子》既治，则《六经》可不治而明矣。读书者当观圣人所以作经之意，与圣人所以用心，圣人之所以至于圣人，而吾之所以未至者，所以未得者。句句而求之，昼诵而味之，中夜而思之，平其心，易其气，阙其疑，则圣人之意可见矣。"

程子曰："凡看文字，须先晓其文义，然后可以求其意。未有不晓文义而见意者也。"

程子曰："学者须将《论语》中诸弟子问处便作自己问，圣人答处便作今日耳闻，自然有得。虽孔、孟复生，不过以此教人。若能于《语》《孟》中深求玩味，将来涵养成甚生气质！"

程子曰："凡看《语》《孟》，且须熟读玩味。须将圣人言语切己，不可只作一场话说。人只看得二书切己，终身尽多也。"

程子曰："《论》《孟》只剩读着，便自意足。学者须是玩味。若以语言解着，意便不足。"

或问："且将《论》《孟》紧要处看，如何？"程子曰："固是好，但终是不浃洽耳。"

程子曰："孔子言语句句是自然，孟子言语句句是事实。"

程子曰："学者先读《论语》《孟子》，如尺度权衡相似，以此去量度事物，自然见得长短轻重。"

程子曰："读《论语》《孟子》而不知道，所谓'虽多，亦奚以为'。"

附录二 《论语》全文

学而第一

1. 子曰："学而时习之，不亦说乎？有朋自远方来，不亦乐乎？人不知而不愠，不亦君子乎？"

2. 有子曰："其为人也孝弟，而好犯上者，鲜矣；不好犯上，而好作乱者，未之有也。君子务本，本立而道生。孝弟也者，其为仁之本与。"

3. 子曰："巧言令色，鲜矣仁。"

4. 曾子曰："吾日三省吾身。为人谋而不忠乎？与朋友交而不信乎？传不习乎？"

5. 子曰："道千乘之国，敬事而信，节用而爱人，使民以时。"

6. 子曰："弟子入则孝，出则弟，谨而信，泛爱众，而亲仁，行有馀力，则以学文。"

7. 子夏曰："贤贤易色，事父母能竭其力，事君能致其身，与朋友交，言而有信。虽曰未学，吾必谓之学矣。"

8. 子曰："君子不重则不威，学则不固。主忠信，无友不如己者，过则勿惮改。"

9. 曾子曰："慎终追远，民德归厚矣。"

10. 子禽问于子贡曰："夫子至于是邦也，必闻其政。求之与，抑与之与？"子贡曰："夫子温、良、恭、俭、让以得之。夫子之求之也，其诸异乎人之求之与。"

11. 子曰："父在观其志，父没观其行。三年无改于父之道，可谓孝矣。"

12. 有子曰:“礼之用，和为贵，先王之道斯为美，小大由之。有所不行，知和而和，不以礼节之，亦不可行也。”

13. 有子曰：“信近于义，言可复也。恭近于礼，远耻辱也。因不失其亲，亦可宗也。”

14. 子曰：“君子食无求饱，居无求安，敏于事而慎于言，就有道而正焉。可谓好学也已。”

15. 子贡曰：“贫而无谄，富而无骄，何如？”子曰：“可也。未若贫而乐，富而好礼者也。”子贡曰：“《诗》云，‘如切如磋，如琢如磨。’其斯之谓与？”子曰:“赐也，始可与言《诗》已矣。告诸往而知来者。”

16. 子曰：“不患人之不己知，患不知人也。”

为政第二

1. 子曰：“为政以德。譬如北辰，居其所，而众星共之。”

2. 子曰：“《诗》三百,一言以蔽之，曰‘思无邪’。”

3. 子曰：“道之以政，齐之以刑，民免而无耻；道之以德，齐之以礼，有耻且格。”

4. 子曰：“吾十有五而志于学；三十而立；四十而不惑；五十而知天命；六十而耳顺；七十而从心所欲，不逾矩。”

5. 孟懿子问孝。子曰：“无违。”樊迟御，子告之曰：“孟孙问孝于我，我对曰，‘无违。’”樊迟曰：“何谓也？”子曰：“生，事之以礼；死，葬之以礼，祭之以礼。”

6. 孟武伯问孝。子曰：“父母唯其疾之忧。”

7. 子游问孝。子曰：“今之孝者，是谓能养。至于犬马，皆能有养。不敬，何以别乎？”

8. 子夏问孝。子曰：“色难。有事弟子服其劳，有酒食先生馔，曾是以为孝乎？”

9. 子曰：“吾与回言终日，不违如愚。退而省其私，亦足以发。回也不愚。”

10. 子曰：“视其所以，观其所由，察其所安，人焉廋哉。人焉廋哉。”

11. 子曰：“温故而知新，可以为师矣。”

12. 子曰：“君子不器。”

13. 子贡问君子。子曰：“先行其言而后从之。”

14. 子曰：“君子周而不比，小人比而不周。”

15. 子曰：“学而不思则罔，思而不学则殆。”

16. 子曰：“攻乎异端，斯害也已。”

17. 子曰：“由，诲女知之乎？知之为知之，不知为不知，是知也。”

18. 子张学干禄。子曰：“多闻阙疑，慎言其馀，则寡尤；多见阙殆，慎行其馀，则寡悔。言寡尤，行寡悔，禄在其中矣。”

19. 哀公问曰：“何为则民服？”孔子对曰：“举直错诸枉，则民服；举枉错诸直，则民不服。”

20. 季康子问：“使民敬忠以劝，如之何？”子曰：“临之以庄则敬；孝慈则忠；举善而教不能则劝。”

21. 或谓孔子曰：“子奚不为政？”子曰：“《书》云孝乎！惟孝，友于兄弟，施于有政。是亦为政，奚其为为政？”

22. 子曰：“人而无信，不知其可也。大车无輗，小车无軏，其何以行之哉？”

23. 子张问：“十世可知也？”子曰：“殷因于夏礼，所损益，可知也。周因于殷礼，所损益，可知也。其或继周者，虽百世可知也。”

24. 子曰："非其鬼而祭之，谄也。见义不为，无勇也。"

八佾第三

1. 孔子谓季氏，"八佾舞于庭。是可忍也，孰不可忍也？"

2. 三家者以《雍》彻。子曰："'相维辟公，天子穆穆。'奚取于三家之堂？"

3. 子曰："人而不仁，如礼何？人而不仁，如乐何？"

4. 林放问礼之本。子曰："大哉问！礼，与其奢也宁俭。丧，与其易也宁戚。"

5. 子曰："夷狄之有君，不如诸夏之亡也。"

6. 季氏旅于泰山。子谓冉有曰："女弗能救与？"对曰："不能。"子曰："呜呼！曾谓泰山，不如林放乎？"

7. 子曰："君子无所争，必也射乎！揖让而升，下而饮。其争也君子。"

8. 子夏问曰："'巧笑倩兮，美目盼兮，素以为绚兮。'何谓也？"子曰："绘事后素。"曰："礼后乎？"子曰："起予者商也，始可与言《诗》已矣。"

9. 子曰："夏礼吾能言之，杞不足征也；殷礼吾能言之，宋不足征也。文献不足故也。足则吾能征之矣。"

10. 子曰："禘自既灌而往者，吾不欲观之矣。"

11. 或问"禘"之说。子曰："不知也。知其说者之于天下也，其如示诸斯乎？"指其掌。

12. 祭如在，祭神如神在。子曰："吾不与祭，如不祭。"

13. 王孙贾问曰："'与其媚于奥，宁媚于灶。'何谓也？"子曰："不然。获罪于天，无所祷也。"

14. 子曰："周监于二代，郁郁乎文哉！吾从周。"

15. 子入大庙，每事问。或曰：“孰谓鄹人之子知礼乎？入大庙，每事问。”子闻之曰：“是礼也。”

16. 子曰：“‘射不主皮’，为力不同科，古之道也。”

17. 子贡欲去告朔之饩羊。子曰：“赐也！尔爱其羊，我爱其礼。”

18. 子曰：“事君尽礼，人以为谄也。”

19. 定公问：“君使臣，臣事君，如之何？”孔子对曰：“君使臣以礼，臣事君以忠。”

20. 子曰：“《关雎》，乐而不淫，哀而不伤。”

21. 哀公问社于宰我。宰我对曰：“夏后氏以松，殷人以柏，周人以栗，曰‘使民战栗’。”子闻之曰：“成事不说，遂事不谏，既往不咎。”

22. 子曰：“管仲之器小哉！”或曰：“管仲俭乎？”曰：“管氏有三归，官事不摄，焉得俭？”“然则管仲知礼乎？”曰：“邦君树塞门，管氏亦树塞门。邦君为两君之好，有反坫，管氏亦有反坫。管氏而知礼，孰不知礼？”

23. 子语鲁大师乐，曰：“乐其可知也。始作，翕如也；从之，纯如也，　如也，绎如也；以成。”

24. 仪封人请见，曰：“君子之至于斯也，吾未尝不得见也。”从者见之。出曰：“二三子，何患于丧乎？天下之无道也久矣，天将以夫子为木铎。”

25. 子谓《韶》，“尽美矣，又尽善也。”谓《武》，“尽美矣，未尽善也。”

26. 子曰：“居上不宽，为礼不敬，临丧不哀，吾何以观之哉？”

里仁第四

1. 子曰：“里仁为美。择不处仁，焉得知？”

2. 子曰：“不仁者不可以久处约，不可以长处乐。仁者安仁，知者利仁。”

3. 子曰：“唯仁者能好人，能恶人。”

4. 子曰：“苟志于仁矣，无恶也。”

5. 子曰：“富与贵，是人之所欲也，不以其道得之，不处也。贫与贱，是人之所恶也，不以其道得之，不去也。君子去仁，恶乎成名？君子无终食之间违仁，造次必于是，颠沛必于是。”

6. 子曰：“我未见好仁者，恶不仁者。好仁者，无以尚之；恶不仁者，其为仁矣，不使不仁者加乎其身。有能一日用其力于仁矣乎？我未见力不足者。盖有之矣，我未之见也。”

7. 子曰：“人之过也，各于其党。观过，斯知仁矣。”

8. 子曰：“朝闻道，夕死可矣。”

9. 子曰：“士志于道，而耻恶衣恶食者，未足与议也。”

10. 子曰：“君子之于天下也，无適也，无莫也，义之与比。”

11. 子曰：“君子怀德，小人怀土。君子怀刑，小人怀惠。”

12. 子曰：“放于利而行，多怨。”

13. 子曰：“能以礼让为国乎，何有？不能以礼让为国，如礼何？”

14. 子曰：“不患无位，患所以立。不患莫己知，求为可知也。”

15. 子曰：“参乎！吾道一以贯之。”曾子曰：“唯。”子出。门人问曰：“何谓也？”曾子曰：“夫子之道，忠恕而已矣。”

16. 子曰：“君子喻于义，小人喻于利。”

17. 子曰：“见贤思齐焉，见不贤而内自省也。”

18. 子曰："事父母几谏，见志不从，又敬不违，劳而不怨。"

19. 子曰："父母在，不远游。游必有方。"

20. 子曰："三年无改于父之道，可谓孝矣。"

21. 子曰："父母之年，不可不知也。一则以喜，一则以惧。"

22. 子曰："古者言之不出，耻躬之不逮也。"

23. 子曰："以约失之者鲜矣！"

24. 子曰："君子欲讷于言而敏于行。"

25. 子曰："德不孤，必有邻。"

26. 子游曰："事君数，斯辱矣。朋友数，斯疏矣。"

公冶长第五

1. 子谓公冶长，"可妻也。虽在缧绁之中，非其罪也。"以其子妻之。子谓南容，"邦有道不废；邦无道，免于刑戮。"以其兄之子妻之。

2. 子谓子贱，"君子哉若人！鲁无君子者，斯焉取斯？"

3. 子贡问曰："赐也何如？"子曰："女器也。"曰："何器也？"曰："瑚琏也。"

4. 或曰："雍也仁而不佞。"子曰："焉用佞？御人以口给，屡憎于人。不知其仁，焉用佞？"

5. 子使漆雕开仕。对曰："吾斯之未能信。"子说。

6. 子曰："道不行，乘桴浮于海。从我者其由与？"子路闻之喜。子曰："由也好勇过我，无所取材。"

7. 孟武伯问子路仁乎。子曰："不知也。"又问。子曰："由也千乘之国，可使治其赋也，不知其仁也。""求也何如？"子曰："求也千室之邑，百乘之家，可使为之宰也，不知其仁也。""赤也何如？"子曰："赤也束带立于朝，可使与宾客言也，不知其仁也。”

8. 子谓子贡曰：“女与回也孰愈？”对曰：“赐也何敢望回！回也闻一以知十，赐也闻一以知二。”子曰：“弗如也，吾与女弗如也。”

9. 宰予昼寝。子曰：“朽木，不可雕也；粪土之墙，不可杇也。于予与何诛！”子曰：“始吾于人也，听其言而信其行。今吾于人也，听其言而观其行。于予与改是。”

10. 子曰：“吾未见刚者。”或对曰：“申枨。”子曰：“枨也欲，焉得刚？”

11. 子贡曰：“我不欲人之加诸我也，吾亦欲无加诸人。”子曰：“赐也，非尔所及也。”

12. 子贡曰：“夫子之文章，可得而闻也。夫子之言性与天道，不可得而闻也。”

13. 子路有闻，未之能行，唯恐有闻。

14. 子贡问曰：“孔文子何以谓之‘文’也？”子曰：“敏而好学，不耻下问，是以谓之‘文’也。”

15. 子谓子产，“有君子之道四焉：其行己也恭，其事上也敬，其养民也惠，其使民也义。”

16. 子曰：“晏平仲，善与人交，久而敬之。”

17. 子曰：“臧文仲，居蔡，山节藻棁，何如其知也。”

18. 子张问曰：“令尹子文三仕为令尹，无喜色。三已之，无愠色。旧令尹之政，必以告新令尹。何如？”子曰：“忠矣。”曰：“仁矣乎？”曰：“未知，焉得仁？”“崔子弑齐君，陈文子有马十乘，弃而违之。至于他邦，则曰，‘犹吾大夫崔子也。’违之。之一邦，则又曰，‘犹吾大夫崔子也。’违之。何如？”子曰：“清矣。”曰：“仁矣乎？”曰：“未知，焉得仁？”

19. 季文子三思而后行。子闻之曰：“再，斯可矣！”

20. 子曰：“宁武子，邦有道则知，邦无道则愚。其知可及也，其愚不可及也。”

21. 子在陈曰：“归与归与！吾党之小子狂简，斐然成章，不知所以裁之。”

22. 子曰：“伯夷、叔齐，不念旧恶，怨是用希。”

23. 子曰：“孰谓微生高直？或乞醯焉，乞诸其邻而与之。”

24. 子曰：“巧言令色，足恭，左丘明耻之，丘亦耻之。匿怨而友其人，左丘明耻之，丘亦耻之。”

25. 颜渊、季路侍。子曰：“盍各言尔志？”子路曰：“愿车马，衣轻裘，与朋友共，敝之而无憾。”颜渊曰：“愿无伐善，无施劳。”子路曰：“愿闻子之志。”子曰：“老者安之，朋友信之，少者怀之。”

26. 子曰：“已矣乎！吾未见能见其过而内自讼者也。”

27. 子曰：“十室之邑，必有忠信如丘者焉，不如丘之好学也。”

雍也第六

1. 子曰：“雍也可使南面。”仲弓问子桑伯子。子曰：“可也简。”仲弓曰：“居敬而行简，以临其民，不亦可乎？居简而行简，无乃大简乎？”子曰：“雍之言然。”

2. 哀公问：“弟子孰为好学？”孔子对曰：“有颜回者好学，不迁怒，不贰过。不幸短命死矣。今也则亡，未闻好学者也。”

3. 子华使于齐，冉子为其母请粟。子曰：“与之釜。”请益。曰：“与之庾。”冉子与之粟五秉。子曰：“赤之适齐也，乘肥马，衣轻裘。吾闻之也，君子周急不继富。”原思为之宰，与之粟九百，辞。子曰：“毋！以与尔邻里乡党乎！”

4. 子谓仲弓曰：“犁牛之子，　且角，虽欲勿用，山川其舍诸？”

5. 子曰：“回也其心三月不违仁。其余则日月至焉而已矣。”

6. 季康子问：“仲由可使从政也与？”子曰：“由也果，于从政乎何有？”曰：“赐也可使从政也与？”曰：“赐也达，于从政乎何有？”曰：“求也可使从政也与？”曰：“求也艺，于从政乎何有？”

7. 季氏使闵子骞为费宰。闵子骞曰：“善为我辞焉！如有复我者，则吾必在汶上矣。”

8. 伯牛有疾，子问之，自牖执其手，曰：“亡之，命矣夫！斯人也，而有斯疾也！斯人也，而有斯疾也！”

9. 子曰：“贤哉回也！一箪食，一瓢饮，在陋巷，人不堪其忧，回也不改其乐。贤哉回也！”

10. 冉求曰：“非不说子之道，力不足也。”子曰：“力不足者，中道而废，今女画。”

11. 子谓子夏曰：“女为君子儒，无为小人儒。”

12. 子游为武城宰。子曰：“女得人焉尔乎？”曰：“有澹台灭明者，行不由径，非公事，未尝至于偃之室也。”

13. 子曰：“孟之反不伐，奔而殿，将入门，策其马，曰，‘非敢后也，马不进也。’”

14. 子曰：“不有祝鮀之佞而有宋朝之美，难乎免于今之世矣。”

15. 子曰：“谁能出不由户？何莫由斯道也！”

16. 子曰：“质胜文则野，文胜质则史。文质彬彬，然后君子。”

17. 子曰：“人之生也直，罔之生也幸而免。”

18. 子曰：“知之者不如好之者；好之者不如乐之者。”

19. 子曰：“中人以上，可以语上也；中人以下，不可以语上也。”

20. 樊迟问知。子曰：“务民之义，敬鬼神而远之，可谓知矣。”问仁。曰：“仁者先难而后获，可谓仁矣。”

21. 子曰：“知者乐水，仁者乐山。知者动，仁者静。知者乐，仁者寿。”

22. 子曰：“齐一变，至于鲁；鲁一变，至于道。”

23. 子曰：“觚不觚，觚哉觚哉！”

24. 宰我问曰：“仁者虽告之曰，‘井有仁焉。’其从之也？”子曰：“何为其然也？君子可逝也，不可陷也；可欺也，不可罔也。”

25. 子曰：“君子博学于文，约之以礼，亦可以弗畔矣夫！”

26. 子见南子，子路不说。夫子矢之曰：“予所否者，天厌之！天厌之！”

27. 子曰：“中庸之为德也，其至矣乎！民鲜久矣！”

28. 子贡曰：“如有博施于民，而能济众，何如？可谓仁乎？”子曰：“何事于仁，必也圣乎！尧、舜其犹病诸！夫仁者，己欲立而立人，己欲达而达人。能近取譬，可谓仁之方也已。”

述而第七

1. 子曰：“述而不作，信而好古，窃比于我老彭。”

2. 子曰：“默而识之，学而不厌，诲人不倦，何有于我哉？”

3. 子曰：“德之不修，学之不讲，闻义不能徙，不善不能改，是吾忧也。”

4. 子之燕居，申申如也，夭夭如也。

5. 子曰：“甚矣吾衰也！久矣吾不复梦见周公。”

6. 子曰：“志于道，据于德，依于仁，游于艺。”

7. 子曰：“自行束修以上，吾未尝无诲焉。”

8. 子曰："不愤不启，不悱不发。举一隅不以三隅反，则不复也。"

9. 子食于有丧者之侧，未尝饱也。子于是日哭，则不歌。

10. 子谓颜渊曰："用之则行，舍之则藏，惟我与尔有是夫！"子路曰："子行三军，则谁与？"子曰："暴虎冯河，死而无悔者，吾不与也。必也临事而惧，好谋而成者也。"

11. 子曰："富而可求也，虽执鞭之士，吾亦为之；如不可求，从吾所好。"

12. 子之所慎：齐，战，疾。

13. 子在齐闻《韶》，三月不知肉味。曰："不图为乐之至于斯也！"

14. 冉有曰："夫子为卫君乎？"子贡曰："诺。吾将问之。"入曰："伯夷、叔齐，何人也？"曰："古之贤人也。"曰："怨乎？"曰："求仁而得仁，又何怨。"出曰："夫子不为也。"

15. 子曰："饭疏食饮水，曲肱而枕之，乐亦在其中矣。不义而富且贵，于我如浮云。"

16. 子曰："加我数年，五十以学《易》，可以无大过矣。"

17. 子所雅言，《诗》《书》，执礼，皆雅言也。

18. 叶公问孔子于子路，子路不对。子曰："女奚不曰，'其为人也，发愤忘食，乐以忘忧，不知老之将至'云尔。"

19. 子曰："我非生而知之者，好古，敏以求之者也。"

20. 子不语怪、力、乱、神。

21. 子曰："三人行，必有我师焉。择其善者而从之，其不善者而改之。"

22. 子曰："天生德于予，桓魋其如予何！"

23. 子曰："二三子，以我为隐乎？吾无隐乎尔！吾无行而不与二三子者，是丘也。”

24. 子以四教：文，行，忠，信。

25. 子曰：“圣人，吾不得而见之矣！得见君子者斯可矣。”子曰：“善人，吾不得而见之矣！得见有恒者斯可矣。亡而为有，虚而为盈，约而为泰，难乎有恒矣！”

26. 子钓而不纲，弋不射宿。

27. 子曰：“盖有不知而作之者，我无是也。多闻择其善者而从之，多见而识之，知之次也。”

28. 互乡难与言，童子见，门人惑。子曰：“与其进也，不与其退也。唯何甚！人洁己以进，与其洁也，不保其往也。”

29. 子曰：“仁远乎哉？我欲仁，斯仁至矣！”

30. 陈司败，问昭公知礼乎？孔子曰：“知礼。”孔子退。揖巫马期而进之，曰：“吾闻君子不党，君子亦党乎？君取于吴为同姓，谓之吴孟子。君而知礼，孰不知礼？”巫马期以告。子曰：“丘也幸，苟有过，人必知之。”

31. 子与人歌而善，必使反之，而后和之。

32. 子曰：“文，莫吾犹人也。躬行君子，则吾未之有得。”

33. 子曰：“若圣与仁，则吾岂敢？抑为之不厌，诲人不倦，则可谓云尔已矣！”公西华曰：“正唯弟子不能学也！”

34. 子疾病，子路请祷。子曰：“有诸？”子路对曰：“有之。《诔》曰，‘祷尔于上下神祇。’”子曰：“丘之祷久矣！”

35. 子曰：“奢则不孙，俭则固。与其不孙也，宁固。”

36. 子曰：“君子坦荡荡，小人长戚戚。”

37. 子温而厉，威而不猛，恭而安。

泰伯第八

1. 子曰："泰伯，其可谓至德也已矣！三以天下让，民无得而称焉。"

2. 子曰："恭而无礼则劳，慎而无礼则葸，勇而无礼则乱，直而无礼则绞。君子笃于亲，则民兴于仁；故旧不遗，则民不偷。"

3. 曾子有疾，召门弟子曰："启予足！启予手！《诗》云，'战战兢兢，如临深渊，如履薄冰。'而今而后，吾知免夫小子！"

4. 曾子有疾，孟敬子问之。曾子言曰："鸟之将死，其鸣也哀；人之将死，其言也善。君子所贵乎道者三：动容貌，斯远暴慢矣；正颜色，斯近信矣；出辞气，斯远鄙倍矣。笾豆之事，则有司存。"

5. 曾子曰："以能问于不能，以多问于寡，有若无，实若虚，犯而不校。昔者吾友，尝从事于斯矣。"

6. 曾子曰："可以托六尺之孤，可以寄百里之命，临大节而不可夺也。君子人与？君子人也！"

7. 曾子曰："士不可以不弘毅，任重而道远。仁以为己任，不亦重乎？死而后已，不亦远乎？"

8. 子曰："兴于《诗》，立于礼，成于乐。"

9. 子曰："民可使由之，不可使知之。"

10. 子曰："好勇疾贫，乱也。人而不仁，疾之已甚，乱也。"

11. 子曰："如有周公之才之美，使骄且吝，其余不足观也已！"

12. 子曰："三年学，不至于谷，不易得也。"

13. 子曰："笃信好学，守死善道。危邦不入，乱邦不居。天下有道则见，无道则隐。邦有道，贫且贱焉，耻也；邦无道，富且贵焉，耻也。"

14. 子曰："不在其位，不谋其政。"

15. 子曰："师挚之始，《关雎》之乱，洋洋乎！盈耳哉。"

16. 子曰："狂而不直，侗而不愿，悾悾而不信，吾不知之矣。"

17. 子曰："学如不及，犹恐失之。"

18. 子曰："巍巍乎！舜、禹之有天下也，而不与焉。"

19. 子曰："大哉尧之为君也！巍巍乎！唯天为大，唯尧则之；荡荡乎！民无能名焉。巍巍乎！其有成功也；焕乎！其有文章。"

20. 舜有臣五人而天下治。武王曰："予有乱臣十人。"孔子曰："才难，不其然乎？唐、虞之际，于斯为盛。有妇人焉，九人而已。三分天下有其二，以服事殷。周之德，其可谓至德也已矣！"

21. 子曰："禹，吾无间然矣！菲饮食而致孝乎鬼神；恶衣服而致美乎黻冕；卑宫室而尽力乎沟洫。禹，吾无间然矣！"

子罕第九

1. 子罕言：利，与命，与仁。

2. 达巷党人曰："大哉孔子！博学而无所成名。"子闻之，谓门弟子曰："吾何执？执御乎？执射乎？吾执御矣！"

3. 子曰："麻冕，礼也；今也纯，俭。吾从众。拜下，礼也；今拜乎上，泰也。虽违众，吾从下。"

4. 子绝四：毋意，毋必，毋固，毋我。

5. 子畏于匡。曰："文王既没，文不在兹乎？天之将丧斯文也，后死者不得与于斯文也；天之未丧斯文也，匡人其如予何？"

6. 大宰问于子贡曰："夫子圣者与？何其多能也？"子贡曰："固天纵之将圣，又多能也。"子闻之，曰："大宰知我乎！吾少也贱，故多能鄙事。君子多乎哉？不多也！"牢曰："子云，'吾不试，故艺。'"

7. 子曰："吾有知乎哉？无知也。有鄙夫问于我，空空如也，我叩其两端而竭焉。"

8. 子曰："凤鸟不至，河不出图，吾已矣夫！"

9. 子见齐衰者，冕衣裳者，与瞽者。见之，虽少必作；过之，必趋。

10. 颜渊喟然叹曰："仰之弥高，钻之弥坚，瞻之在前，忽焉在后。夫子循循然善诱人，博我以文，约我以礼。欲罢不能，既竭吾才，如有所立卓尔。虽欲从之，末由也已。"

11. 子疾病，子路使门人为臣。病间，曰："久矣哉，由之行诈也！无臣而为有臣。吾谁欺？欺天乎？且予与其死于臣之手也，无宁死于二三子之手乎？且予纵不得大葬，予死于道路乎？"

12. 子贡曰："有美玉于斯，韫匵而藏诸？求善贾而沽诸？"子曰："沽之哉！沽之哉！我待贾者也。"

13. 子欲居九夷。或曰："陋，如之何？"子曰："君子居之，何陋之有？"

14. 子曰："吾自卫反鲁，然后乐正，《雅》《颂》各得其所。"

15. 子曰："出则事公卿，入则事父兄，丧事不敢不勉，不为酒困，何有于我哉？"

16. 子在川上曰："逝者如斯夫！不舍昼夜。"

17. 子曰："吾未见好德如好色者也。"

18. 子曰："譬如为山，未成一篑，止，吾止也！譬如平地，虽覆一篑，进，吾往也！"

19. 子曰："语之而不惰者，其回也与！"

20. 子谓颜渊曰："惜乎！吾见其进也，未见其止也。"

21. 子曰："苗而不秀者有矣夫！秀而不实者有矣夫！"

22. 子曰："后生可畏，焉知来者之不如今也？四十、五十而无闻焉，斯亦不足畏也已。"

23. 子曰："法语之言，能无从乎？改之为贵。巽与之言，能无说乎？绎之为贵。说而不绎，从而不改，吾末如之何也已矣！"

24. 子曰："主忠信，毋友不如己者，过则勿惮改。"

25. 子曰："三军可夺帅也，匹夫不可夺志也。"

26. 子曰："衣敝缊袍，与衣狐貉者立，而不耻者，其由也与。'不忮不求，何用不臧？'"子路终身诵之。子曰："是道也，何足以臧？"

27. 子曰："岁寒，然后知松柏之后彫也！"

28. 子曰："知者不惑，仁者不忧，勇者不惧。"

29. 子曰："可与共学，未可与适道；可与适道，未可与立；可与立，未可与权。"

30. "唐棣之华，偏其反而。岂不尔思？室是远而。"子曰："未之思也，夫何远之有！"

乡党第十

1. 孔子于乡党，恂恂如也，似不能言者。其在宗庙朝庭，便便言，唯谨尔。

2. 朝，与下大夫言，侃侃如也；与上大夫言，訚訚如也。君在，踧踖如也，与与如也。

3. 君召使摈，色勃如也，足躩如也。揖所与立，左右手，衣前后，襜如也。趋进，翼如也。宾退，必复命曰："宾不顾矣。"

4. 入公门，鞠躬如也，如不容。立不中门，行不履阈。过位，色勃如也，足躩如也，其言似不足者。摄齐升堂，鞠躬如也，屏气似不息者。出，降一等，逞颜色，怡怡如也。没阶趋，翼如也。复其位，踧踖如也。

5. 执圭，鞠躬如也，如不胜。上如揖，下如授。勃如战色，足蹜蹜，如有循。享礼，有容色。私觌，愉愉如也。

6. 君子不以绀緅饰，红紫不以为亵服。当暑，袗絺绤，必表而出之。缁衣羔裘，素衣麑裘，黄衣狐裘。亵裘长，短右袂。必有寝衣，长一身有半。狐貉之厚以居。去丧无所不佩。非帷裳，必杀之。羔裘玄冠，不以吊。吉月，必朝服而朝。

7. 齐，必有明衣，布。齐必变食，居必迁坐。

8. 食不厌精，脍不厌细。食饐而餲，鱼馁而肉败，不食。色恶不食，臭恶不食，失饪不食，不时不食，割不正不食，不得其酱不食。肉虽多，不使胜食气。惟酒无量，不及乱。沽酒市脯不食。不撤姜食，不多食。祭于公，不宿肉。祭肉，不出三日。出三日，不食之矣。食不语，寝不言。虽疏食菜羹，瓜祭，必齐如也。

9. 席不正不坐。

10. 乡人饮酒，杖者出，斯出矣。乡人傩，朝服而立于阼阶。

11. 问人于他邦，再拜而送之。康子馈药，拜而受之，曰："丘未达，不敢尝。"

12. 厩焚。子退朝，曰："伤人乎？"不问马。

13. 君赐食，必正席先尝之；君赐腥，必熟而荐之；君赐生，必畜之。侍食于君，君祭，先饭。疾，君视之，东首，加朝服拖绅。君命召，不俟驾行矣。

14. 入大庙，每事问。

15. 朋友死，无所归，曰："于我殡。"朋友之馈，虽车马，非祭肉，不拜。

16. 寝不尸，居不容。见齐衰者，虽狎必变。见冕者，与瞽者，虽亵必以貌。凶服者式之，式负版者。有盛馔，必变色而作。迅雷风烈，必变。

17. 升车，必正立执绥。车中，不内顾，不疾言，不亲指。

18. 色斯举矣，翔而后集。曰："山梁雌雉，时哉时哉！"子路共之，三嗅而作。

先进第十一

1. 子曰："先进于礼乐，野人也；后进于礼乐，君子也。如用之，则吾从先进。"

2. 子曰："从我于陈、蔡者，皆不及门也。"德行：颜渊，闵子骞，冉伯牛，仲弓。言语：宰我，子贡。政事：冉有，季路。文学：子游，子夏。

3. 子曰："回也非助我者也！于吾言无所不说。"

4. 子曰："孝哉闵子骞！人不间于其父母昆弟之言。"

5. 南容三复"白圭"，孔子以其兄之子妻之。

6. 季康子问弟子孰为好学。孔子对曰："有颜回者好学，不幸短命死矣！今也则亡。"

7. 颜渊死，颜路请子之车以为之椁。子曰："才不才，亦各言其子也。鲤也死，有棺而无椁，吾不徒行以为之椁。以吾从大夫之后，不可徒行也。"

8. 颜渊死。子曰："噫！天丧予！天丧予！"

9. 颜渊死，子哭之恸。从者曰："子恸矣！"曰："有恸乎？非夫人之为恸而谁为？"

10. 颜渊死，门人欲厚葬之，子曰："不可。"门人厚葬之。子曰："回也视予犹父也，予不得视犹子也。非我也，夫二三子也。"

11. 季路问事鬼神。子曰："未能事人，焉能事鬼？""敢问死？"曰："未知生，焉知死？"

12. 闵子侍侧，訚訚如也；子路，行行如也；冉有、子贡，侃侃如也。子乐。"若由也不得其死然。"

13. 鲁人为长府。闵子骞曰："仍旧贯，如之何？何必改作？"子曰："夫人不言，言必有中。"

14. 子曰："由之瑟，奚为于丘之门？"门人不敬子路。子曰："由也升堂矣，未入于室也。"

15. 子贡问师与商也孰贤。子曰："师也过，商也不及。"曰："然则师愈与？"子曰："过犹不及。"

16. 季氏富于周公，而求也为之聚敛而附益之。子曰："非吾徒也。小子鸣鼓而攻之可也。"

17. 柴也愚，参也鲁，师也辟，由也喭。

18. 子曰："回也其庶乎！屡空。赐不受命，而货殖焉，亿则屡中。"

19. 子张问善人之道。子曰："不践迹，亦不入于室。"

20. 子曰："论笃是与，君子者乎？色庄者乎？"

21. 子路问闻斯行诸。子曰："有父兄在，如之何其闻斯行之？"冉有问闻斯行诸。子曰："闻斯行之。"公西华曰："由也问'闻斯行诸'，子曰'有父兄在'。求也问'闻斯行诸'，子曰'闻斯行之'。赤也惑，敢问？"子曰："求也退，故进之；由也兼人，故退之。"

22. 子畏于匡，颜渊后。子曰："吾以女为死矣。"曰："子在，回何敢死！"

23. 季子然问仲由、冉求，可谓大臣与。子曰："吾以子为异之问，曾由与求之问。所谓大臣者，以道事君，不可则止。

今由与求也，可谓具臣矣。”曰：“然则从之者与？”子曰：“弑父与君，亦不从也。”

24. 子路使子羔为费宰。子曰：“贼夫人之子！”子路曰：“有民人焉，有社稷焉，何必读书，然后为学。”子曰：“是故恶夫佞者。”

25. 子路，曾皙，冉有，公西华，侍坐。子曰：“以吾一日长乎尔，毋吾以也。居则曰，‘不吾知也。’如或知尔，则何以哉？”子路率尔而对曰：“千乘之国，摄乎大国之间，加之以师旅，因之以饥馑。由也为之，比及三年，可使有勇，且知方也。”夫子哂之。“求，尔何如？”对曰：“方六七十，如五六十，求也为之，比及三年，可使足民。如其礼乐，以俟君子。”“赤，尔何如？”对曰：“非曰能之，愿学焉。宗庙之事，如会同，端章甫，愿为小相焉。”“点，尔何如？”鼓瑟希，铿尔，舍瑟而作，对曰：“异乎三子者之撰。”子曰：“何伤乎？亦各言其志也。”曰：“莫春者，春服既成，冠者五六人，童子六七人，浴乎沂，风乎舞雩，咏而归。”夫子喟然叹曰：“吾与点也！”三子者出，曾皙后。曾皙曰：“夫三子者之言何如？”子曰：“亦各言其志也已矣。”曰：“夫子何哂由也？”曰：“为国以礼，其言不让，是故哂之。”“唯求则非邦也与？”“安见方六七十如五六十而非邦也者？”“唯赤则非邦也与？”“宗庙会同，非诸侯而何？赤也为之小，孰能为之大？”

颜渊第十二

1. 颜渊问仁。子曰：“克己复礼为仁。一日克己复礼，天下归仁焉。为仁由己，而由人乎哉？”颜渊曰：“请问其目？”子曰：“非礼勿视，非礼勿听，非礼勿言，非礼勿动。”颜渊曰：“回虽不敏，请事斯语矣。”

2. 仲弓问仁。子曰：“出门如见大宾，使民如承大祭。己所不欲，勿施于人。在邦无怨，在家无怨。”仲弓曰：“雍虽不敏，请事斯语矣。”

3．司马牛问仁。子曰：“仁者其言也讱。”曰：“其言也讱，斯谓之仁已乎？”子曰：“为之难，言之，得无讱乎？”

4．司马牛问君子。子曰：“君子不忧不惧。”曰：“不忧不惧，斯谓之君子已乎？”子曰：“内省不疚，夫何忧何惧？”

5．司马牛忧曰：“人皆有兄弟，我独亡！”子夏曰：“商闻之矣，‘死生有命，富贵在天。’君子敬而无失，与人恭而有礼，四海之内，皆兄弟也，君子何患乎无兄弟也？”

6．子张问明。子曰：“浸润之谮，肤受之愬，不行焉，可谓明也已矣。浸润之谮肤受之愬不行焉，可谓远也已矣。”

7．子贡问政。子曰：“足食。足兵。民信之矣。”子贡曰：“必不得已而去，于斯三者何先？”曰：“去兵。”子贡曰：“必不得已而去，于斯二者何先？”曰：“去食。自古皆有死，民无信不立。”

8．棘子成曰：“君子质而已矣，何以文为？”子贡曰：“惜乎！夫子之说，君子也。驷不及舌。文，犹质也；质，犹文也。虎豹之鞟，犹犬羊之鞟。”

9．哀公问于有若曰：“年饥，用不足，如之何？”有若对曰：“盍彻乎？”曰：“二，吾犹不足，如之何其彻也？”对曰：“百姓足，君孰与不足？百姓不足，君孰与足？”

10．子张问崇德辨惑。子曰：“主忠信，徙义，崇德也。爱之欲其生，恶之欲其死。既欲其生，又欲其死，是惑也。‘诚不以富，亦祇以异。’”

11．齐景公问政于孔子。孔子对曰：“君君，臣臣，父父，子子。”公曰：“善哉！信如君不君，臣不臣，父不父，子不子，虽有粟，吾得而食诸？”

12. 子曰："片言可以折狱者，其由也与！"子路无宿诺。

13. 子曰："听讼，吾犹人也，必也使无讼乎！"

14. 子张问政。子曰："居之无倦，行之以忠。"

15. 子曰："博学于文，约之以礼，亦可以弗畔矣夫！"

16. 子曰："君子成人之美，不成人之恶。小人反是。"

17. 季康子问政于孔子。孔子对曰："政者正也。子帅以正，孰敢不正？"

18. 季康子患盗，问于孔子。孔子对曰："苟子之不欲，虽赏之不窃。"

19. 季康子问政于孔子曰："如杀无道，以就有道，何如？"孔子对曰："子为政，焉用杀？子欲善，而民善矣。君子之德风，小人之德草。草上之风必偃。"

20. 子张问士何如，斯可谓之达矣。子曰："何哉尔所谓达者？"子张对曰："在邦必闻，在家必闻。"子曰："是闻也，非达也。夫达也者，质直而好义，察言而观色，虑以下人。在邦必达，在家必达。夫闻也者，色取仁而行违，居之不疑。在邦必闻，在家必闻。"

21. 樊迟从游于舞雩之下，曰："敢问崇德修慝辨惑。"子曰："善哉问！先事后得，非崇德与？攻其恶，无攻人之恶，非修慝与？一朝之忿，忘其身以及其亲，非惑与？"

22. 樊迟问仁。子曰："爱人。"问知。子曰："知人。"樊迟未达。子曰："举直错诸枉，能使枉者直。"樊迟退，见子夏曰："乡也吾见于夫子而问知，子曰，'举直错诸枉，能使枉者直。'何谓也？"子夏曰："富哉言乎！舜有天下，选于众，举皋陶，不仁者远矣。汤有天下，选于众，举伊尹，不仁者远矣。"

23. 子贡问友。子曰："忠告而善道之，不可则止，无自辱焉。"

24. 曾子曰："君子以文会友，以友辅仁。"

子路第十三

1. 子路问政。子曰："先之，劳之。"请益。曰："无倦。"

2. 仲弓为季氏宰，问政。子曰："先有司，赦小过，举贤才。"曰："焉知贤才而举之？"曰："举尔所知。尔所不知，人其舍诸？"

3. 子路曰："卫君待子而为政，子将奚先？"子曰："必也正名乎！"子路曰："有是哉，子之迂也！奚其正？"子曰："野哉由也！君子于其所不知，盖阙如也。名不正则言不顺，言不顺则事不成，事不成则礼乐不兴，礼乐不兴则刑罚不中，刑罚不中则民无所措手足。故君子名之必可言也，言之必可行也。君子于其言，无所苟而已矣。"

4. 樊迟请学稼。子曰："吾不如老农。"请学为圃。曰："吾不如老圃。"樊迟出。子曰："小人哉，樊须也！上好礼，则民莫敢不敬；上好义，则民莫敢不服；上好信，则民莫敢不用情。夫如是，则四方之民，襁负其子而至矣，焉用稼？"

5. 子曰："诵《诗》三百，授之以政，不达；使于四方，不能专对。虽多，亦奚以为？"

6. 子曰："其身正，不令而行；其身不正，虽令不从。"

7. 子曰："鲁、卫之政，兄弟也。"

8. 子谓卫公子荆："善居室。始有，曰，'苟合矣。'少有，曰，'苟完矣。'富有，曰，'苟美矣。'"

9. 子适卫，冉有仆。子曰："庶矣哉！"冉有曰："既庶矣，又何加焉？"曰："富之。"曰："既富矣，又何加焉？"曰："教之。"

10. 子曰："苟有用我者，期月而已可也，三年有成。"

11. 子曰："'善人为邦百年，亦可以胜残去杀矣。'诚哉是言也！”

12．子曰：“如有王者，必世而后仁。”

13．子曰：“苟正其身矣，于从政乎何有？不能正其身，如正人何？”

14．冉子退朝。子曰：“何晏也？”对曰：“有政。”子曰：“其事也。如有政，虽不吾以，吾其与闻之。”

15．定公问：“一言而可以兴邦，有诸？”孔子对曰：“言不可以若是其几也。人之言曰，‘为君难，为臣不易。’如知为君之难也，不几乎一言而兴邦乎？”曰：“一言而丧邦，有诸？”孔子对曰：“言不可以若是其几也。人之言曰，‘予无乐乎为君，唯其言而莫予违也。’如其善而莫之违也，不亦善乎？如不善而莫之违也，不几乎一言而丧邦乎？”

16．叶公问政。子曰：“近者说，远者来。”

17．子夏为莒父宰，问政。子曰：“无欲速，无见小利。欲速则不达，见小利则大事不成。”

18．叶公语孔子曰：“吾党有直躬者，其父攘羊，而子证之。”孔子曰：“吾党之直者异于是。父为子隐，子为父隐，直在其中矣。”

19．樊迟问仁。子曰：“居处恭，执事敬，与人忠。虽之夷狄，不可弃也。”

20．子贡问曰：“何如斯可谓之士矣？”子曰：“行己有耻，使于四方，不辱君命，可谓士矣。”曰：“敢问其次？”曰：“宗族称孝焉，乡党称弟焉。”曰：“敢问其次？”曰：“言必信，行必果，硁硁然小人哉！抑亦可以为次矣。”曰：“今之从政者何如？”子曰：“噫！斗筲之人，何足算也。”

21．子曰：“不得中行而与之，必也狂狷乎。狂者进取，狷者有所不为也。”

22. 子曰："南人有言曰，'人而无恒，不可以作巫医。'善夫！'不恒其德，或承之羞。'"子曰："不占而已矣。"

23. 子曰："君子和而不同，小人同而不和。"

24. 子贡问曰："乡人皆好之，何如？"子曰："未可也。""乡人皆恶之，何如？"子曰："未可也。不如乡人之善者好之，其不善者恶之。"

25. 子曰："君子易事而难说也。说之不以道，不说也；及其使人也，器之。小人难事而易说也，说之虽不以道，说也；及其使人也，求备焉。"

26. 子曰："君子泰而不骄，小人骄而不泰。"

27. 子曰："刚毅木讷，近仁。"

28. 子路问曰："何如斯可谓之士矣？"子曰："切切、偲偲、怡怡如也，可谓士矣。朋友切切偲偲，兄弟怡怡。"

29. 子曰："善人教民七年，亦可以即戎矣。"

30. 子曰："以不教民战，是谓弃之。"

宪问第十四

1. 宪问耻。子曰："邦有道谷；邦无道谷，耻也。"

2. "克伐怨欲，不行焉，可以为仁矣？"子曰："可以为难矣，仁则吾不知也。"

3. 子曰："士而怀居，不足以为士矣。"

4. 子曰："邦有道，危言危行；邦无道，危行言孙。"

5. 子曰："有德者必有言，有言者不必有德。仁者必有勇，勇者不必有仁。"

6. 南宫适问于孔子曰："羿善射，奡荡舟，俱不得其死然。禹、稷躬稼，而有天下。"夫子不答。南宫适出，子曰："君子哉若人！

尚德哉若人！”

7. 子曰：“君子而不仁者有矣夫。未有小人而仁者也。”

8. 子曰：“爱之能勿劳乎？忠焉能勿诲乎？”

9. 子曰：“为命，裨谌草创之，世叔讨论之，行人子羽修饰之，东里子产润色之。”

10. 或问子产。子曰：“惠人也。”问子西。曰：“彼哉彼哉！”问管仲。曰：“人也。夺伯氏骈邑三百，饭疏食，没齿，无怨言。”

11. 子曰：“贫而无怨难，富而无骄易。”

12. 子曰：“孟公绰，为赵、魏老则优，不可以为滕、薛大夫。”

13. 子路问成人。子曰：“若臧武仲之知，公绰之不欲，卞庄子之勇，冉求之艺，文之以礼乐，亦可以为成人矣。”曰：“今之成人者何必然？见利思义，见危授命，久要不忘平生之言，亦可以为成人矣。”

14. 子问公叔文子于公明贾曰：“信乎夫子不言不笑不取乎？”公明贾对曰：“以告者过也。夫子时然后言，人不厌其言；乐然后笑，人不厌其笑；义然后取，人不厌其取。”子曰：“其然，岂其然乎？”

15. 子曰：“臧武仲，以防求为后于鲁，虽曰不要君，吾不信也。”

16. 子曰：“晋文公谲而不正，齐桓公正而不谲。”

17. 子路曰：“桓公杀公子纠，召忽死之，管仲不死。”曰：“未仁乎？”子曰：“桓公九合诸侯，不以兵车，管仲之力也。如其仁！如其仁！”

18. 子贡曰：“管仲非仁者与？桓公杀公子纠，不能死，又相之。”子曰：“管仲相桓公，霸诸侯，一匡天下，民到于今受其赐。微管仲，吾其被发左衽矣。岂若匹夫匹妇之为谅也，自经于沟渎而莫之知也。”

19. 公叔文子之臣大夫僎，与文子同升诸公。子闻之曰：“可以为‘文’矣。”

20. 子言卫灵公之无道也，康子曰：“夫如是，奚而不丧？”孔子曰：“仲叔圉治宾客，祝鮀治宗庙，王孙贾治军旅。夫如是，奚其丧？”

21. 子曰：“其言之不怍，则为之也难。”

22. 陈成子弑简公。孔子沐浴而朝，告于哀公曰：“陈恒弑其君，请讨之。”公曰：“告夫三子！”孔子曰：“以吾从大夫之后，不敢不告也。君曰‘告夫三子’者。”之三子告，不可。孔子曰：“以吾从大夫之后，不敢不告也。”

23. 子路问事君。子曰：“勿欺也，而犯之。”

24. 子曰：“君子上达，小人下达。”

25. 子曰：“古之学者为己，今之学者为人。”

26. 蘧伯玉使人于孔子。孔子与之坐而问焉，曰：“夫子何为？”对曰：“夫子欲寡其过而未能也。”使者出。子曰：“使乎使乎！”

27. 子曰：“不在其位，不谋其政。”

28. 曾子曰：“君子思不出其位。”

29. 子曰：“君子耻其言而过其行。”

30. 子曰：“君子道者三，我无能焉：仁者不忧，知者不惑，勇者不惧。”子贡曰：“夫子自道也。”

31. 子贡方人。子曰：“赐也贤乎哉？夫我则不暇。”

32. 子曰：“不患人之不己知，患其不能也。”

33. 子曰：“不逆诈，不亿不信。抑亦先觉者，是贤乎！”

34. 微生亩谓孔子曰：“丘何为是栖栖者与？无乃为佞乎？”

孔子曰：“非敢为佞也，疾固也。”

35. 子曰：“骥不称其力，称其德也。”

36. 或曰：“以德报怨，何如？”子曰：“何以报德？以直报怨，以德报德。”

37. 子曰：“莫我知也夫！”子贡曰：“何为其莫知子也？”子曰：“不怨天，不尤人，下学而上达。知我者其天乎！”

38. 公伯寮愬子路于季孙。子服景伯以告曰：“夫子固有惑志于公伯寮，吾力犹能肆诸市朝。”子曰：“道之将行也与，命也；道之将废也与，命也。公伯寮其如命何！”

39. 子曰：“贤者辟世，其次辟地，其次辟色，其次辟言。”

40. 子曰：“作者七人矣。”

41. 子路宿于石门。晨门曰：“奚自？”子路曰：“自孔氏。”曰：“是知其不可而为之者与？”

42. 子击磬于卫。有荷蒉而过孔氏之门者，曰：“有心哉，击磬乎！”既而曰：“鄙哉，硁硁乎！莫己知也，斯已而已矣。‘深则厉，浅则揭。’”子曰：“果哉！末之难矣。”

43. 子张曰：“《书》云，‘高宗谅阴，三年不言。’何谓也？”子曰：“何必高宗，古之人皆然。君薨，百官总己以听于冢宰，三年。”

44. 子曰：“上好礼，则民易使也。”

45. 子路问君子。子曰：“修己以敬。”曰：“如斯而已乎？”曰：“修己以安人。”曰：“如斯而已乎？”曰：“修己以安百姓。修己以安百姓，尧、舜其犹病诸！”

46. 原壤夷俟。子曰：“幼而不孙弟，长而无述焉，老而不死，是为贼。”以杖叩其胫。

47. 阙党童子将命。或问之曰：“益者与？”子曰：“吾见其居于位也，见其与先生并行也，非求益者也，欲速成者也。”

卫灵公第十五

1. 卫灵公问陈于孔子。孔子对曰：“俎豆之事，则尝闻之矣；军旅之事，未之学也。”明日遂行。在陈绝粮，从者病，莫能兴。子路愠见曰：“君子亦有穷乎？”子曰：“君子固穷，小人穷斯滥矣。”

2. 子曰：“赐也，女以予为多学而识之者与？”对曰：“然，非与？”曰：“非也。予一以贯之。”

3. 子曰：“由！知德者鲜矣。”

4. 子曰：“无为而治者，其舜也与！夫何为哉？恭己正南面而已矣。”

5. 子张问行。子曰：“言忠信，行笃敬，虽蛮貊之邦行矣；言不忠信，行不笃敬，虽州里行乎哉？立，则见其参于前也；在舆，则见其倚于衡也。夫然后行。”子张书诸绅。

6. 子曰：“直哉史鱼！邦有道如矢，邦无道如矢。君子哉蘧伯玉！邦有道则仕，邦无道则可卷而怀之。”

7. 子曰：“可与言而不与之言，失人；不可与言而与之言，失言。知者不失人，亦不失言。”

8. 子曰：“志士仁人，无求生以害仁，有杀身以成仁。”

9. 子贡问为仁。子曰：“工欲善其事，必先利其器。居是邦也，事其大夫之贤者，友其士之仁者。”

10. 颜渊问为邦。子曰：“行夏之时，乘殷之辂，服周之冕，乐则《韶》舞。放郑声，远佞人。郑声淫，佞人殆。”

11. 子曰：“人无远虑，必有近忧。”

12. 子曰：“已矣乎！吾未见好德如好色者也。”

13. 子曰："臧文仲，其窃位者与！知柳下惠之贤，而不与立也。"

14. 子曰："躬自厚而薄责于人，则远怨矣。"

15. 子曰："不曰'如之何如之何'者，吾末如之何也已矣。"

16. 子曰："群居终日，言不及义，好行小慧，难矣哉！"

17. 子曰："君子义以为质，礼以行之，孙以出之，信以成之。君子哉！"

18. 子曰："君子病无能焉，不病人之不己知也。"

19. 子曰："君子疾没世而名不称焉。"

20. 子曰："君子求诸己，小人求诸人。"

21. 子曰："君子矜而不争，群而不党。"

22. 子曰："君子不以言举人，不以人废言。"

23. 子贡问曰："有一言而可以终身行之者乎？"子曰："其恕乎！己所不欲，勿施于人。"

24. 子曰："吾之于人也，谁毁谁誉？如有所誉者，其有所试矣。斯民也，三代之所以直道而行也。"

25. 子曰："吾犹及史之阙文也，有马者借人乘之。今亡矣夫！"

26. 子曰："巧言乱德。小不忍则乱大谋。"

27. 子曰："众恶之，必察焉；众好之，必察焉。"

28. 子曰："人能弘道，非道弘人。"

29. 子曰："过而不改，是谓过矣。"

30. 子曰："吾尝终日不食，终夜不寝，以思。无益。不如学也。"

31. 子曰："君子谋道不谋食。耕也馁在其中矣，学也禄在其中矣。君子忧道不忧贫。"

32. 子曰："知及之，仁不能守之，虽得之，必失之。知及之，仁能守之，不庄以涖之，则民不敬。知及之，仁能守之，庄以涖之，动之不以礼，未善也。”

33. 子曰：“君子不可小知，而可大受也。小人不可大受，而可小知也。”

34. 子曰：“民之于仁也，甚于水火。水火，吾见蹈而死者矣，未见蹈仁而死者也。”

35. 子曰：“当仁不让于师。”

36. 子曰：“君子贞而不谅。”

37. 子曰：“事君敬其事而后其食。”

38. 子曰：“有教无类。”

39. 子曰：“道不同，不相为谋。”

40. 子曰：“辞达而已矣。”

41. 师冕见。及阶，子曰：“阶也。”及席，子曰：“席也。”皆坐，子告之曰：“某在斯，某在斯。”师冕出。子张问曰：“与师言之，道与？”子曰：“然。固相师之道也。”

季氏第十六

1. 季氏将伐颛臾。冉有、季路见于孔子曰：“季氏将有事于颛臾。”孔子曰：“求！无乃尔是过与？夫颛臾，昔者先王以为东蒙主，且在邦域之中矣，是社稷之臣也。何以伐为？”冉有曰：“夫子欲之，吾二臣者，皆不欲也。”孔子曰：“求！周任有言曰，‘陈力就列，不能者止。’危而不持，颠而不扶，则将焉用彼相矣？且尔言过矣！虎兕出于柙，龟玉毁于椟中，是谁之过与？”冉有曰：“今夫颛臾，固而近于费。今不取，后世必为子孙忧。”孔子曰：“求！君子疾夫舍曰欲之，而必为之辞。丘也闻有国有家者，不患寡而患不均，不患贫而患不安。盖均无贫，和无寡，安无倾。夫如是，故远人不服，则修文德以来之。既来之，则安之。今由与求也，相夫子，远人不服而不能来也，邦分崩离析而不能守也，而谋动干戈于邦内。吾恐季孙之忧，不在颛臾，而在萧墙之内也。”

2. 孔子曰：“天下有道，则礼乐征伐自天子出；天下无道，则礼乐征伐自诸侯出。自诸侯出，盖十世希不失矣；自大夫出，五世希不失矣；陪臣执国命，三世希不失矣。天下有道，则政不在大夫。天下有道，则庶人不议。”

3. 孔子曰：“禄之去公室，五世矣。政逮于大夫，四世矣。故夫三桓之子孙，微矣。”

4. 孔子曰：“益者三友，损者三友。友直，友谅，友多闻，益矣。友便辟，友善柔，有便佞，损矣。”

5. 孔子曰：“益者三乐，损者三乐。乐节礼乐，乐道人之善，乐多贤友，益矣。乐骄乐，乐佚游，乐宴乐，损矣。”

6. 孔子曰：“侍于君子有三愆：言未及之而言谓之躁，言及之而不言谓之隐，未见颜色而言谓之瞽。”

7. 孔子曰：“君子有三戒：少之时，血气未定，戒之在色；及其壮也，血气方刚，戒之在斗；及其老也，血气既衰，戒之在得。”

8. 孔子曰：“君子有三畏：畏天命，畏大人，畏圣人之言。小人不知天命而不畏也，狎大人，侮圣人之言。”

9. 孔子曰：“生而知之者上也；学而知之者次也；困而学之，又其次也；困而不学，民斯为下矣。”

10. 孔子曰：“君子有九思：视思明，听思聪，色思温，貌思恭，言思忠，事思敬，疑思问，忿思难，见得思义。”

11. 孔子曰：“‘见善如不及，见不善如探汤。’吾见其人矣，吾闻其语矣。‘隐居以求其志，行义以达其道。’吾闻其语矣，未见其人也。”

12. 齐景公有马千驷，死之日，民无德而称焉。伯夷、叔齐，饿于首阳之下，民到于今称之。其斯之谓与?

13. 陈亢问于伯鱼曰 :“子亦有异闻乎？”对曰 :“未也。尝独立,鲤趋而过庭。曰,‘学《诗》乎？’对曰,‘未也。’‘不学《诗》,无以言。’鲤退而学《诗》。他日又独立,鲤趋而过庭。曰，‘学礼乎？’对曰，‘未也。’‘不学礼，无以立。’鲤退而学礼。闻斯二者。”陈亢退而喜曰 :“问一得三 : 闻《诗》闻礼，又闻君子之远其子也。”

14. 邦君之妻，君称之曰“夫人”，夫人自称曰“小童”，邦人称之曰“君夫人”,称诸异邦曰“寡小君”,异邦人称之亦曰“君夫人”。

阳货第十七

1. 阳货欲见孔子，孔子不见，归孔子豚。孔子时其亡也而往拜之。遇诸涂。谓孔子曰 :“来！予与尔言。”曰 :“怀其宝而迷其邦,可谓仁乎？”曰 :“不可。”“好从事而亟失时,可谓知乎？”曰 :“不可。”“日月逝矣，岁不我与。”孔子曰 :“诺，吾将仕矣。”

2. 子曰 :“性相近也，习相远也。”

3. 子曰 :“唯上知与下愚不移。”

4. 子之武城，闻弦歌之声。夫子莞尔而笑曰 :“割鸡，焉用牛刀？”子游对曰 :“昔者偃也闻诸夫子曰，‘君子学道则爱人，小人学道则易使也。’”子曰 :“二三子！偃之言是也。前言戏之耳。”

5. 公山弗扰以费畔，召，子欲往。子路不说，曰 :“末之也已，何必公山氏之之也？”子曰 :“夫召我者而岂徒哉？如有用我者，吾其为东周乎？”

6. 子张问仁于孔子。孔子曰：“能行五者于天下，为仁矣。”“请问之？”曰：“恭宽信敏惠。恭则不侮，宽则得众，信则人任焉，敏则有功，惠则足以使人。”

7. 佛肸召，子欲往。子路曰：“昔者由也闻诸夫子曰，‘亲于其身为不善者，君子不入也。’佛肸以中牟畔，子之往也如之何？”子曰：“然，有是言也。不曰坚乎，磨而不磷；不曰白乎，涅而不缁。吾岂匏瓜也哉？焉能系而不食！”

8. 子曰：“由也女闻六言六蔽矣乎？”对曰：“未也。”“居！吾语女。好仁不好学，其蔽也愚；好知不好学，其蔽也荡；好信不好学，其蔽也贼；好直不好学，其蔽也绞；好勇不好学，其蔽也乱；好刚不好学，其蔽也狂。”

9. 子曰：“小子！何莫学夫《诗》？《诗》可以兴，可以观，可以群，可以怨。迩之事父，远之事君。多识于鸟兽草木之名。”

10. 子谓伯鱼曰：“女为《周南》《召南》矣乎？人而不为《周南》《召南》，其犹正墙面而立也与？”

11. 子曰：“礼云礼云，玉帛云乎哉！乐云乐云，钟鼓云乎哉！”

12. 子曰：“色厉而内荏，譬诸小人，其犹穿窬之盗也与！”

13. 子曰：“乡原，德之贼也。”

14. 子曰：“道听而涂说，德之弃也。”

15. 子曰：“鄙夫，可与事君也与哉？其未得之也，患得之；既得之，患失之。苟患失之，无所不至矣。”

16. 子曰：“古者民有三疾，今也或是之亡也。古之狂也肆，今之狂也荡；古之矜也廉，今之矜也忿戾；古之愚也直，今之愚也诈而已矣。”

17. 子曰："巧言令色，鲜矣仁。"

18. 子曰："恶紫之夺朱也，恶郑声之乱雅乐也，恶利口之覆邦家者。"

19. 子曰："予欲无言。"子贡曰："子如不言，则小子何述焉？"子曰："天何言哉？四时行焉，百物生焉，天何言哉？"

20. 孺悲欲见孔子，孔子辞以疾。将命者出户，取瑟而歌，使之闻之。

21. 宰我问三年之丧，期已久矣。君子三年不为礼，礼必坏；三年不为乐，乐必崩。旧谷既没，新谷既升，钻燧改火，期可已矣。子曰："食夫稻，衣夫锦，于女安乎？"曰："安。""女安则为之！夫君子之居丧，食旨不甘，闻乐不乐，居处不安，故不为也。今女安，则为之！"宰我出。子曰："予之不仁也！子生三年，然后免于父母之怀。夫三年之丧，天下之通丧也。予也有三年之爱于其父母乎？"

22. 子曰："饱食终日，无所用心，难矣哉！不有博弈者乎？为之犹贤乎已。"

23. 子路曰："君子尚勇乎？"子曰："君子义以为上。君子有勇而无义为乱，小人有勇而无义为盗。"

24. 子贡曰："君子亦有恶乎？"子曰："有恶。恶称人之恶者，恶居下流而讪上者，恶勇而无礼者，恶果敢而窒者。"曰："赐也亦有恶乎？""恶徼以为知者，恶不孙以为勇者，恶讦以为直者。"

25. 子曰："唯女子与小人为难养也。近之则不孙，远之则怨。"

26. 子曰："年四十而见恶焉，其终也已。"

微子第十八

1. 微子去之，箕子为之奴，比干谏而死。孔子曰：“殷有三仁焉。”

2. 柳下惠为士师，三黜。人曰：“子未可以去乎？”曰：“直道而事人，焉往而不三黜？枉道而事人，何必去父母之邦？”

3. 齐景公待孔子，曰：“若季氏则吾不能，以季、孟之间待之。”曰：“吾老矣，不能用也。”孔子行。

4. 齐人归女乐，季桓子受之，三日不朝，孔子行。

5. 楚狂接舆歌而过孔子曰：“凤兮凤兮！何德之衰？往者不可谏，来者犹可追。已而已而！今之从政者殆而。”孔子下，欲与之言。趋而辟之，不得与之言。

6. 长沮、桀溺耦而耕。孔子过之，使子路问津焉。长沮曰：“夫执舆者为谁？”子路曰：“为孔丘。”曰：“是鲁孔丘与？”曰：“是也。”曰：“是知津矣。”问于桀溺，桀溺曰：“子为谁？”曰：“为仲由。”曰：“是鲁孔丘之徒与？”对曰：“然。”曰：“滔滔者天下皆是也，而谁以易之？且而与其从辟人之士也，岂若从辟世之士哉！”耰而不辍。子路行以告。夫子怃然曰：“鸟兽不可与同群，吾非斯人之徒与而谁与？天下有道，丘不与易也。”

7. 子路从而后，遇丈人，以杖荷蓧。子路问曰：“子见夫子乎？”丈人曰：“四体不勤，五谷不分，孰为夫子？”植其杖而芸。子路拱而立。止子路宿，杀鸡为黍而食之，见其二子焉。明日，子路行以告。子曰：“隐者也。”使子路反见之。至则行矣。子路曰：“不仕无义。长幼之节，不可废也；君臣之义，如之何其废之？欲洁其身，而乱大伦。君子之仕也，行其义也。道之不行，已知之矣。”

8. 逸民：伯夷，叔齐，虞仲，夷逸，朱张，柳下惠，少连。子曰："不降其志，不辱其身，伯夷、叔齐与！"谓柳下惠、少连："降志辱身矣，言中伦，行中虑，其斯而已矣。"谓虞仲、夷逸："隐居放言，身中清，废中权。""我则异于是，无可无不可。"

9. 大师挚适齐，亚饭干适楚，三饭缭适蔡，四饭缺适秦，鼓方叔入于河，播鼗武入于汉，少师阳、击磬襄，入于海。

10. 周公谓鲁公曰："君子不施其亲，不使大臣怨乎不以。故旧无大故，则不弃也。无求备于一人。"

11. 周有八士：伯达，伯适，仲突，仲忽，叔夜，叔夏，季随，季騧。

子张第十九

1. 子张曰："士见危致命，见得思义，祭思敬，丧思哀，其可已矣。"

2. 子张曰："执德不弘，信道不笃，焉能为有？焉能为亡？"

3. 子夏之门人，问交于子张。子张曰："子夏云何？"对曰："子夏曰，'可者与之，其不可者拒之。'"子张曰："异乎吾所闻：君子尊贤而容众，嘉善而矜不能。我之大贤与，于人何所不容？我之不贤与，人将拒我，如之何其拒人也？"

4. 子夏曰："虽小道，必有可观者焉，致远恐泥，是以君子不为也。"

5. 子夏曰："日知其所亡，月无忘其所能，可谓好学也已矣。"

6. 子夏曰："博学而笃志，切问而近思，仁在其中矣。"

7. 子夏曰："百工居肆以成其事，君子学以致其道。"

8. 子夏曰："小人之过也必文。"

9. 子夏曰："君子有三变：望之俨然，即之也温，听其言也厉。"

10. 子夏曰："君子信而后劳其民；未信，则以为厉己也。信而后谏；未信，则以为谤己也。"

11. 子夏曰："大德不逾闲。小德出入，可也。"

12. 子游曰："子夏之门人小子，当洒扫应对进退，则可矣。抑末也，本之则无。如之何？"子夏闻之曰："噫！言游过矣！君子之道，孰先传焉？孰后倦焉？譬诸草木，区以别矣。君子之道，焉可诬也？有始有卒者，其惟圣人乎！"

13. 子夏曰："仕而优则学，学而优则仕。"

14. 子游曰："丧致乎哀而止。"

15. 子游曰："吾友张也，为难能也！然而未仁。"

16. 曾子曰："堂堂乎张也，难与并为仁矣。"

17. 曾子曰："吾闻诸夫子：人未有自致者也，必也亲丧乎！"

18. 曾子曰："吾闻诸夫子：孟庄子之孝也，其他可能也。其不改父之臣，与父之政，是难能也。"

19. 孟氏使阳肤为士师，问于曾子。曾子曰："上失其道，民散久矣。如得其情，则哀矜而勿喜。"

20. 子贡曰："纣之不善，不如是之甚也。是以君子恶居下流，天下之恶皆归焉。"

21. 子贡曰："君子之过也，如日月之食焉。过也人皆见之，更也人皆仰之。"

22. 卫公孙朝问于子贡曰："仲尼焉学？"子贡曰："文、武之道，未坠于地，在人。贤者识其大者，不贤者识其小者，莫不有文、武之道焉。夫子焉不学？而亦何常师之有？"

23. 叔孙武叔语大夫于朝曰："子贡贤于仲尼。"子服景伯以告子贡。子贡曰："譬之宫墙，赐之墙也及肩，窥见室家之好。夫子之墙数仞，不得其门而入，不见宗庙之美、百官之富。得其门者或寡矣。夫子之云，不亦宜乎！”

24. 叔孙武叔毁仲尼。子贡曰：“无以为也！仲尼，不可毁也。他人之贤者丘陵也，犹可逾也；仲尼，日月也，无得而逾焉。人虽欲自绝，其何伤于日月乎？多见其不知量也！”

25. 陈子禽谓子贡曰：“子为恭也，仲尼岂贤于子乎？”子贡曰：“君子一言以为知，一言以为不知，言不可不慎也。夫子之不可及也，犹天之不可阶而升也。夫子之得邦家者，所谓立之斯立，道之斯行，绥之斯来，动之斯和。其生也荣，其死也哀。如之何其可及也！”

尧曰第二十

1. 尧曰：“咨，尔舜！天之历数在尔躬，允执其中。四海困穷，天禄永终。”舜亦以命禹。曰：“予小子履，敢用玄牡，敢昭告于皇皇后帝。有罪不敢赦。帝臣不蔽，简在帝心。朕躬有罪，无以万方；万方有罪，罪在朕躬。”周有大赉，善人是富。“虽有周亲，不如仁人。百姓有过，在予一人。”谨权量，审法度，修废官，四方之政行焉。兴灭国，继绝世，举逸民，天下之民归心焉。所重民，食丧祭。宽则得众，信则民任焉，敏则有功，公则说。

2. 子张问于孔子曰：“何如斯可以从政矣？”子曰：“尊五美，屏四恶，斯可以从政矣。”子张曰：“何谓五美？”子曰：“君子惠而不费，劳而不怨，欲而不贪，泰而不骄，威而不猛。”子张曰：“何谓惠而不费？”子曰：“因民之所利而利之，斯不亦惠而不费乎？择可劳而劳之，又谁怨？欲仁而得仁，又焉贪？君子无众寡，无小大，无敢慢，斯不亦泰而不骄乎？君子正其衣冠，尊其瞻视，俨然人望而畏之，斯不亦威而不猛乎？”子张曰：“何谓四恶？”子曰：“不教而杀谓之虐；不戒视成谓之暴；慢令致期谓之贼；犹之与人也，出纳之吝，谓之有司。”

3. 子曰：“不知命，无以为君子也。不知礼，无以立也。不知言，无以知人也。”